JN005945

Lev Semenovich Vygotsky
ヴィゴーツキー【著】

中村和夫【編・訳】

児童学とは何か

児童学の方法論・対象・方法をめぐる
ヴィゴーツキーの四つの論文を読む

福村出版

目次

第Ⅱ論文 「児童学の対象」

第Ⅲ論文 「児童学の方法」

第IV論文 「対象と方法の弁証法 ―― 思考と言葉の関係の問題」

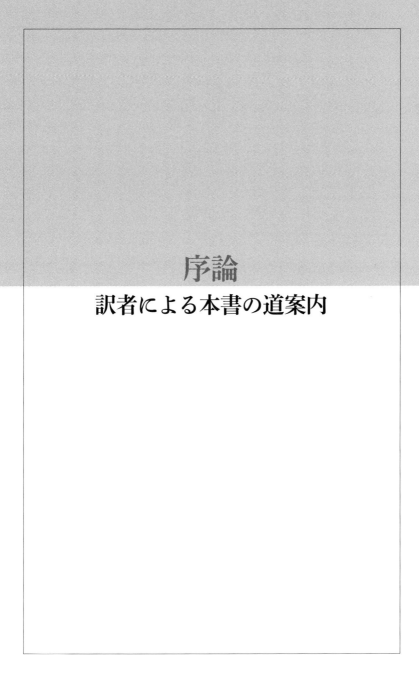

序論
訳者による本書の道案内

1 ヴィゴーツキーの時代のソビエト連邦での児童学の状況

　児童学とは、子どもに関する総合的な科学として特徴づけられる理論的および実践的な子ども研究の総称であり、様々な科学 ── 医学、衛生学、生理学、生物学、心理学、教育学、その他 ── の子ども研究のアプローチと成果を統合する科学運動として位置づけられるものである。このように理解された児童学の定義は、ヴィゴーツキー（Выготский Л. С., 1896-1934）の時代において、ソビエト連邦だけでなく、欧米での児童学的な研究のすべてを包含するものであり、その意味では、児童学は当時の世界の子ども研究において、広く共有された普遍的ともいえる研究動向であった。

　19世紀末から20世紀初頭にかけてのアメリカのホール（Hall, G. S.）やボールドウィン（Baldwin, J. M.）、ドイツのモイマン（Meuman, E.）やライ（Lay, W. A.）などの研究が児童学的な性格を持った最初の研究だとされている。ホールは質問紙法を駆使して子どもの発達の事実を収集し、発生的研究を進め、児童心理学と教育の問題に取り組んだ。ボールドウィンも子どもの丹念な観察に基づいて、子どもの心理発達と社会的背景の問題に取り組んでいる。モイマンはライと共に、実験心理学の方法を教育学に導入して実験教育学を創設し、あわせて、子どもの意志を尊重する児童中心主義の教育学を提唱している。

　一方、10月革命前のロシアでは、ネチャーエフ（Нечаев А. П.）やラズールスキー（Лазурский А. Ф.）、ロッソリーモ（Россолимо Г. И.）、ベーフテレフ（Бехтерев В. М.）などの研究が児童学の先駆けとされている。ネチャーエフはモイマンやフランスのビネー（Binet, A.）の実験室を訪れ、帰国後に、子どもの発達研究や教育に実験を導入することに努め、彼のイニシアチブの下で、1901年に全ロシア実験教育学大会が開催され、1910年には実験教育学会が設立されている。ラズールスキーは、実験

教育学における子ども研究の方法として、実験室での実験に限定せずに、現実生活と学校生活という自然的な条件の下で、子どもの複雑な心理現象を系統的かつ具体的に観察する「自然的実験」という新しい方法を工夫している。また、ロッソリーモは、1911年にモスクワに「子どもの心理学と神経学研究所」を設立し、子どもの人格を心理と行動の側面からも、身体と神経組織の側面からも多面的に研究し、「心理学的プロフィール法」と名づけられた、子どもの心理的特性の数量的な評価法を開発している。この評価法は、ソビエト連邦においてビネーの知能検査と共に広く用いられている。さらに、ベーフテレフは、1907年にサンクトペテルブルクの「精神神経学研究所」に児童学部門を立ち上げるが、この研究所はのちに「児童学研究所」として再編される。ベーフテレフは子どもの社会教育、労働教育、性教育、さらに児童画の発達や美的教育の意義についても研究している。

　そもそも、欧米で広まっていた児童学の運動の基礎には、価値の中心を子どもに置いた、子どものための子ども研究といった考えに基づき、子どもの興味や関心を尊重し、子どもの自主性を最大限に引き出すことのできる教育という教育観が据えられていた。いわゆる「新教育運動」の率先であり、そこには児童中心主義、全人教育、活動主義、生活中心主義といった観点が重視されていて、子どもを「小さな大人」と見る伝統的な子ども観や、知識の教え込みといった旧来の教育観が批判されていた。10月革命後のソビエト連邦では、労働と教育の結合を通して総合技術教育が試みられ、全面的に発達した人間の育成が目指された。そこでは、詰め込み型の学校は否定され、教科別ではなく、子どもの生活上の興味や関心から出発し、身近な社会主義的生活の建設や、自然と人間との関係や、労働や、世界観などを、社会的有用労働を通して総合的に学習する「コンプレックス・システム」と呼ばれる方法が採られた。

　10月革命後のソビエト連邦では、教育人民委員部国家学術会議による教育改革の流れの中で、このような子ども観や教育観を先導しようとする児童学に、科学的に根拠づけられた新しい子どもの形成という課題

が期待され、課せられたのである。この国家的な要請に応えるべく、児童学の領域で積極的に活動をおこなった心理学者や教育学者の代表として、ヴィゴーツキーのほかに、本書の中でもその名前が登場するブロンスキー（Блонский П. П.）、バーソフ（Басов М. Я.）、モロジャーヴィ（Моложавый С. С.）、ザールキント（Залкинд А. Б.）、その他を挙げることができる。

　1927年12月27日から1928年1月4日にかけて、モスクワで第1回全ソビエト連邦児童学大会が開催され、2000人ほどの児童学の理論や実践に携わる人たちが参加している。大会後に専門雑誌「児童学」が発刊されるなど、この時期には児童学は最盛期を迎えていた。ちなみに、このときの雑誌「児童学」の第1巻には、すぐ上で名前を挙げたザールキントは「第1回児童学大会を終えて」という大会の総括論文を、モロジャーヴィは「子どもに関する科学 —— その原理と方法 —— 」という論文、バーソフは「基本問題としての構造的行動分析と児童学的心理学の方法」という論文、ヴィゴーツキーは「子どもの文化的発達の問題」という論文を発表している。

　児童学を国家的な政策として推進してきた教育人民委員部は、この第1回児童学大会の結果を受けて、これまでの児童学の研究と実践は基本的に正しくおこなわれていると評価し、これら児童学の活動をさらに、いっそう強化していくことを決定している。このような決定に呼応するかのように、引き続きバーソフの『児童学の一般的基礎』（1928年）、ヴィゴーツキーの『青少年の児童学』（1929～1931年）、そして、ブロンスキーの『児童学』（1934年）といったいずれも大部な著書が出版されている。また、1933年から1934年にかけては、ヴィゴーツキーによって、児童学の問題を包括する一連の講義がおこなわれてもいる（これらの講義の速記録は、のちに『児童学講義』と題してまとめられ、2001年に公刊されている）。このように、ソビエト連邦の初期には、児童学は順調に発展の道を歩み、着実にその成果を積み上げてきたかのように思われたのである。しかし、間もなく、児童学には、その歩みを科学的な道に沿っ

て進めることが不可能となる、悲劇的な運命が訪れることになる。

スターリン（Сталин И. В.）の独裁体制の確立と共に、1936年の7月になると、唐突に、共産党中央委員会により児童学の糾弾と一掃が決定された。これまでに児童学に関わった心理学者や教育学者、実践家たちはことごとく弾圧され、地位を奪われ、その著作は発禁となり学校や図書館から一掃されたのである。ヴィゴーツキーの一連の著作も例外ではなかった。政治的に、強権的に児童学が葬られたことによって、その後のソビエト連邦での子ども研究は、自由な展開の見られない、窮屈で教条的なものになってしまった。このような「子どものいない教育学」と言われる状況が、1953年にスターリンが亡くなり、1956年にスターリン批判がおこなわれるまで続くことになる。

どうしてこのような児童学の糾弾と一掃が決定されたのか、その政治的、イデオロギー的、また教育学的な意味については、ソビエト連邦の崩壊後に、この決定や児童学の歴史に言及した研究が少なからず見られ、その中で議論されている。国家の国民教育分野での欠陥や落ち度の責任のすべてを児童学に転化したという「児童学スケープゴート説」や、その背後で、共産党内で児童学を推進していた有力幹部の一掃という、スターリンの権力闘争の最後の仕上げがおこなわれたという説や、はては、信憑性については必ずしも定かではないが、スターリンの息子のひとりの知能テストの点が低かったことで、スターリンの怒りを買ったからといった説など、それとして興味は尽きないが、これらの点は本書の目的からは離れるので、ここでは、これ以上の言及は避けることにしたい（もし興味を持たれたならば、詳しくは、拙著『ヴィゴーツキーの生きた時代［19世紀末〜1930年代］のロシア・ソビエト心理学 —— ヴィゴーツキーを補助線にその意味を読み解く』福村出版、2018年刊を参照のこと）。

2　児童学が解明してきた理論的な成果

では、10月革命後の約20年間に、児童学の展開によって積み上げら

れてきたものは何だったのだろうか。ここで、心理学の分野でのという限定で、特に理論面において解明されてきた成果について、そのいくつかを確認しておこう。

（1）発達の動態を段階間の相互連関と相互作用、また質的な展開過程として理解すること

　ブローンスキーは、どの心理現象もその動態と発達の見地から研究すべきとして、心理活動の経過の動態を考慮し、分析することなしには心理的現実の本質を見抜くことはできない、ということを明らかにした。また、心理発達は質的に異なる局面の交代として、また異なる段階間の相互連関として理解される、ということを定式化した。

　この点で、ヴィゴーツキーはいっそう洗練されたアプローチを明らかにしている。ヴィゴーツキーは、児童学的な発達研究の統一的な方法を提唱しているが、これは、子どもの人格における何かひとつの側面（＝心理機能）の把握だけではなく、人格のすべての側面を、全体としての人格を把握する方法である。全体としての統一的方法とは、システム的アプローチということであり、すべての側面の相互連関と相互作用の動態の中に現れる、全体としての機能とその変化を捉える方法のことである。

（2）自らを取り巻く環境の中で能動的に活動する存在としての人間の承認

　ブローンスキーは、心理発達においては、社会的環境との相互作用の中でのみ、心理に特有の発達の潜在能力が内的に実現されることを明らかにしているが、バーソフは、具体的な生活状況における活動の過程において人間を研究することだけが、人間に生じている心理的な特質と状態の複雑な色調を説明できるとして、能動的な「活動的アプローチ」を提唱した。バーソフは、人間活動の構造分析的方法によって、人間の環境への能動的な適応過程における活動の構成要素と、それら要素の相互

関係の様相を解明することに努めた。バーソフによって強調された、人間の発達における、人間自身によって形成される社会的環境の役割という考えは、その後の活動的アプローチのパイオニアとなった。

この「人間の発達における、人間自身によって形成される社会的環境の役割」という視点は、外界の変革を介しての人間の発達という活動的アプローチにとっても重要だが、次に見るヴィゴーツキーに代表される「文化‐歴史的アプローチ」にとっても重要な観点である。人間が歴史的、社会的に形成する社会的環境とは物質的環境だけではなく、まさに、言葉を媒介にして人類が歴史的、社会的に構築してきた文化的環境でもあるからだ。このような人間自らが歴史的、社会的に形成してきた、また形成している文化的環境との出会いによってこそ、言語媒介理論としての文化‐歴史的アプローチが成立しているのである。

(3) 心理発達過程の文化‐歴史的被制約性の承認

ヴィゴーツキーは、系統発生ではそれぞれ独立した路線として順次に出現した二つの過程 ── ホモ・サピエンスの発生をもたらした生物学的進化の過程と、原始人を文化人に変えた歴史的発達の過程 ── は、個体発生においては融合し、複雑な統一的過程を形成しているとして、ここに子どもの発達の独自の難しさがあると指摘している。その上で、子どもの発達において、この融合を分離して考えてみると、歴史的発達において原始人から文化人への発達が身体器官の変化によってではなく、記号とその利用の進歩に基づいておこなわれたように、子どもの発達においても、記号に媒介されて発達する行動を取り出すことができるのである。このように、子どもの発達の中に、自然的発達の路線と区別して、文化的発達の路線を独自に取り出すことによって、ヴィゴーツキーは、言葉の発達とその媒介による高次心理機能の発達のメカニズムの解明に迫ることができたのである。

人間の心理発達の社会的被制約性という、この時代の児童学に確立された一般的な命題の理解にとどまらず、言葉の意味を媒介にした人間の

意識の具体的な発達のメカニズムの解明に迫りえたところに、その後も含めたソビエト心理学の展開の中に占めるヴィゴーツキーの独自の位置がある。

（4）学校における教授 - 学習過程との関係での子どもの発達の解明

　特にブローンスキーに顕著な特徴であるが、常に学校での教育カリキュラムと子どもの知覚、注意、記憶、表象、思考、読み書き、生活、労働、遊び、描画、社会 - 政治的態度などといった多面的、複合的な子どもの発達との関係が問題とされ、解明されている。

　ブローンスキーは、教育人民委員部国家学術会議の推進する労働教育や総合技術教育の支持者であったが、古い旧来の学校の抽象的知識の教え込みを批判するあまり、新しい学校がコンプレックス・システムの下に、教育外の政治的内容の教材を多く持ち込んで反対の極端にぶれて、学校生活が子どもに抽象的思考を発達させることに失敗している点を批判している。

　この点について、教授 - 学習過程と子どもの概念発達との弁証法的な関係を解明しているのがヴィゴーツキーである。ヴィゴーツキーの有名な「最近接発達の領域」概念は、学校での教授 - 学習過程と子どもの概念発達との、および子どもの心理過程の自覚性や随意性との発達の関係を説明し、理解するために固有に導入された概念である。この時期、ヨーロッパではピアジェ（Piaget, J.）の知能の発達理論が注目を集めていたが、この発達理論は、その内容として必ずしも教授 - 学習過程との関係を含んでいないものであった。それゆえに、結局、子どもの科学的概念の発達のメカニズムを説明できなかった。それに対して、ヴィゴーツキーは、学校教育での教授 - 学習過程と子どもの科学的概念の発達との関係や、さらには子どもの人格の内面的発達との関係について、独自のテーマとして解明しているのである。

3　本書を構成する四つの論文についての簡単な解説

　本書は『児童学とは何か』という表題を与えられているが、ヴィゴーツキーがこのような1冊の本を書いているわけではない。本書は、児童学が独立した科学として成立する場合に、その最も基本的で原理的なテーマとなる問題について、ヴィゴーツキーが独自の議論を展開している四つの論文を、訳者が選択して1冊に構成したものである。その場合、本書の主題となっているのは、ヴィゴーツキーが児童学の方法論をどのようなものとして考え、その方法論から導かれる児童学の対象と方法、およびこれら対象と方法の関係をどのように考えているのか、ということである。その意味で、本書は『児童学とは何か』という表題だが、それは、児童学の一般的な概説書や手短な入門書というものではなく、ヴィゴーツキー自身の考える独立科学としての児童学の存立要件について、ヴィゴーツキーが独自に考察し、論じているものである。この意味では、本書は、他の誰とも異なる、児童学に関するヴィゴーツキーならではの理論的営為の書となっている。

　以下の四つの論文に通底しているものは、方法論の問題である。第Ⅱ論文での児童学の対象の問題も、第Ⅲ論文での児童学の方法の問題も、また、第Ⅳ論文での言葉と思考の統一的単位としての「言葉の意味」の問題も、第Ⅰ論文で解明されている児童学の方法論的な原理の具体的な展開として、まさに導かれているのである。その議論の展開の詳細は、各論文の本文に譲ることになるが、その前に、これらの論文を読むにあたって、その際の先行オーガナイザーとして、ここで「方法論」、「方法」、および、その両者を媒介する中間点に位置すると思われる「方法体系」の概念について、あらかじめ、それぞれの定義と相違点を確認しておきたい。これらの概念の意味するところと、それぞれの概念の違いについて理解しておくことが、これから読む各論文の内容の理解にとって、必要かつ有益なことに思われるからである。

たとえば、わが国の文献の中では、単に実験や調査の手続きのことを述べているにすぎないのに、それを「方法論」と表現している例をよく目にする。この場合には、著者は、おそらく「方法」と「方法論」の概念の違いを意識していないのだと思われる。旧ソビエトやその後のロシアでの文献の中では、「方法」、「方法体系」、「方法論」の概念はかなり厳密に区別されて用いられているので、その点は注意が必要である。ここでは、参考までに、『実践的心理学者のための辞典』（Словарь практического психолога, 1998, Минск）からそれぞれ該当する定義を抜粋して示し、さらに、その違いについて簡単に補足説明をしておこう。

◇方法（метод：method）
「科学的研究を実現（実行）する、確実な根拠に基づいた基準となる手法」
　この概念には、путь（道筋・手順）、способ（手法）、средство（手段）、прием（手立て）、мера（方策）などといった用語が含まれる。試みに、それぞれの用語に異なる訳語を置いてみたが、これらの用語はどれも共通に「方法」のことを含意しており、すべて「方法」と訳すことができるものである。

◇方法体系（методика：methods）
「研究対象についての知識を明確にしたり証明したりする目的で、方法を実現する（具体化する）技術的な諸手立て」
　この概念は、単一の方法ではなく、あれこれの方法を実現させる技術的な手順・手法・手段・手立て・方策の総和ないしはシステムのことを表している。露英辞典を見てもロシア語のметодикаに対応する英語はなく、methodの複数形のmethodsが充てられている。逆に英露辞典を見ると、やはり複数形methodsの形でметодикаに対応させていることがわかる。だが、英語のように複数形というだけでは、そこに総和を超えたシステムとしての特質を持つметодикаの含意は汲み取れないだろう。

◇**方法論**（методология：methodology）

「理論的および実践的活動を組織したり構築したりする原理や手法のシステム、それと同時にこのシステムに関する学説」

　この概念は、方法や方法体系の基盤となる原理や理論（学説）を包含した広く、かつ深い概念で、ソビエト心理学の文献の中では、方法や方法体系の基礎にあって、それらを根拠づけている哲学のことを指していることも多い。

　本書の各論文を読み進める場合には、特に、これらの概念の相違を念頭に置いておくことが不可欠に思われるのである。では、次に、訳者による各論文の「まえがき」に代わるものとして、ここで、あらかじめ、それぞれの論文についての簡単な解説をしておきたい。

(1) 第I論文「児童学の方法論」

　この論文の原題は「心理学と児童学に関する問題について」というものであるが、内容の中心は児童学の方法論をめぐる議論と考察であるから、ここでは端的に「児童学の方法論」という表題にした。原著の出典は、『心理学』に掲載されたものである（1931年、第4巻、第1分冊：К вопросу о психологии и педологии, Психология, 1931, Т. 4, вып.1, С.78-100）。また、この論文は「文化-歴史的心理学」という学術雑誌にも再録されている（2007年、第3巻、第4号：Культурно-историческая психология, 2007, Т. 3, №4, С.101-112）。

　本書の序論の冒頭の部分で、「児童学とは、子どもに関する総合的な科学として特徴づけられる理論的および実践的な子ども研究の総称であり、様々な科学 —— 医学、衛生学、生理学、生物学、心理学、教育学、その他 —— の子ども研究のアプローチと成果を統合する科学運動として位置づけられるものである」との定義を示し、「このように理解された児童学の定義は、ヴィゴーツキーの時代において、ソビエト連邦だけでなく、欧米での児童学的な研究のすべてを包含するものであり、その

意味では、児童学は当時の世界の子ども研究において、広く共有された普遍的ともいえる研究動向であった」と述べたが、この第Ⅰ論文「児童学の方法論」の中で、ヴィゴーツキーは、このような世界的な研究動向に独自の分析を加えて、真っ向から批判的な考察をおこなっている。

その場合、ヴィゴーツキーは、特に「児童学と児童心理学との相互関係」という現実的で焦眉の問題を念頭に置きながら、欧米での児童学にはもちろんのこと、ソビエト連邦の内部においても基本的なところで共有されていた形式論理学に基づく観念論的、主観的な観点からの児童学研究と、彼自身が考えるところの、独立した科学としての児童学の弁証法的唯物論に基づく客観的な観点からの研究との違いを、浮き彫りにしているのである。その場合の基本的な問題は、上述の児童学の定義に示された「総合的な科学」という特徴づけの「総合」の概念とその実態の捉え方にある。本文の中では、「問題の根、問題の中心は、この総合の本性に、つまりは、この総合の占める位置にある。この総合は客観的な総合なのか、それとも主観的な総合なのか、研究者の頭の中で実現される総合なのか、それとも客観的現実の中で実現される総合なのか」と述べられている。

そして、それはまた、児童学の研究対象は、多種多様な科学的知識の総合にあるのではなく、客観的現実の諸過程の総合にある、という方法論的な原理の問題だと指摘されている。つまりは、「[児童学が科学という名称を要求することができるのは、]この固有な研究対象が、研究者の頭の中で多種多様な科学的知識から組み立てられた、そして経験的な統一的対象に関係づけられた観念的対象ではなく、研究者の意識からは独立に客観的現実の中に存在している場合」であり、「児童学はそれが研究している法則が客観的現実の一部を構成していることが確認され、証明され、裏づけられるときにのみ、独立科学として承認されることが可能」であり、「独立した科学としての児童学を構築するための基礎は、その研究対象である子どもの統一的な発達過程の客観的現実性を承認することにある」、と指摘されている。客観的な総合を満たす児童学の対

象の要件とは、「統一的」な「発達過程」とその「客観的現実性」にある、ということが主張されているのである。きわめて率直に、厳格な唯物論の原則に立脚した立論がなされていることが理解されよう。

　その上で、このような厳格な唯物論の原理に徹したときには、ホールやバーソフの児童学の捉え方にだけでなく、ソビエト連邦における児童学の最も有力なリーダーであったブローンスキーのこの時点までの児童学についての考え —— 児童学の研究対象を年齢的な徴候・複合それ自体とする考え —— の中にさえも、基本的な点において、方法論的な不十分さが内包されていることを明らかにしていくのである。すなわち、ヴィゴーツキーは、ブローンスキーの児童学の定義について、「児童学的な研究の内容と対象の経験的な解明の試みであり、方法論的な解明の試みではない。児童期の特性ないしは徴候・複合 —— つまりは、子ども時代の個々の期間や成長、体質、行動を特色づける特徴の総和 —— の全体は、疑うまでもなく児童学によって研究される。しかしながら、これらの概念のどれひとつとして、言葉の科学的な意味において児童学の対象を構成しないし、児童学の対象を方法論的に決定するものではない」、と看破しているのである。

　児童学と児童心理学との相互関係という問題については、心理学による児童学の代替も、また児童学による心理学の排除も共に批判され、児童心理学は児童学の分野のひとつとして発達しなければならないと主張されている。その理由は、子どもの発達の個別の側面を研究する児童心理学は、「個別の側面が研究されている発達の過程それ自体とはいったい何なのか、という知識に立脚するときにのみ、発達の任意の側面を研究することができる」からであり、その場合に、「この知識は児童学的な研究によってのみ提供される」のであり、この児童学による知識なくしては、児童心理学は言葉の本来の意味での真の科学になることはできないからである。したがって、「児童心理学は、この発達の一般的法則を考慮して構築されなければならない。つまりは、児童学的な科学のひとつにならねばならないのである」、と結論されているのである。

児童心理学が児童学のひとつの分野として発達しなければならないということは、換言すれば、児童学に心理学を正当に位置づけるということでもある。そのことは、もちろん、児童学が児童心理学を否定することでも、児童心理学が児童学を否定することでも、児童学と児童心理学とを同一視することでもない。ヴィゴーツキーによれば、それは、子どもの年齢的な変化の一般的システムの中に、子どもの心理学的な発達の局面をこそ前面に押し出しつつ、子どもの現実の発達過程を形成している事実の連鎖としての年齢的な徴候・複合の中に、階層を定め、発達的な止揚による構造的、質的な変化 —— 発達の弁証法 —— を認め、人間の子どもの発達にとって支配的で、本質的で、固有な局面は、身体の成長といった一次的なものではなく、子どもの人格と意識的行動 —— 社会的な本質 —— の発達過程にある、ということを認識することなのである。

　また、児童学と児童心理学の関係を論ずる際にとても興味深いのは、ヴィゴーツキーが、児童学の方法論的な基礎を明らかにする上で、宇宙や大地といった自然全体に関する科学としての天文学、地質学、地理学などと、それらの一部門を構成している個別の諸科学との関係を分析し、その関係との類比を用いた論理の展開をおこなっていることである。この類比は、全体的な一般科学と個別的な特殊科学との弁証法的な関係をあらためて考えさせるものであり、より広い科学方法論の中で児童学の方法論的な位置を確認するものとして、私たちの目を開かせてくれる。このことはまた、一般論としては、科学がきわめて多様な部門に細分化されている現代においてこそ、これら部門の科学性の根拠を問うときには、全体的な一般科学との方法論的な関係こそが問われるのだ、ということをあらためて認識させてくれる。

　この論文の中で、ヴィゴーツキーのこのような主張がどのような先行研究での議論や資料に基づいて、そしてどのような論理によって展開されているのかについては、その詳しい説明は本文に譲ることになるが、実は、その筋道を追って理解することは決して楽なことではないという

のが、邦訳を試みた訳者の正直な告白である。確かに具体的な類比や事例の提示による助けもあるが、何よりも、テーマそのものが方法論という哲学的な原理に関わる問題であり、そもそもの議論の抽象度がきわめて高いというところに、その内容を読み取る上での難しさの原因があるのだと思われる。

　最後に邦訳の件で断っておきたいことがある。本論文の出典のロシア語版には、1931年の原著と2007年の再録版とがあることを述べたが、1931年版の原著（以下、原著と略記）には、それがヴィゴーツキーの存命中の出版であるにもかかわらず、少なからぬ誤植ないしは誤植と思われる箇所が見られる。おそらくは、著者に十分な校正をすることができなかった何らかの事情があったものと推察される。訳者の見た限りでは、2007年版では原著の13か所について訂正がなされていた。これらの訂正のうち12か所は納得がいくもので、それゆえ、邦訳に当たっては訂正に従った。1か所については強調が外されていただけで誤植ではなく、ここは原著に従った。これとは別に、訳者には誤植と思われた2か所については、2007年版でも特に訂正されていなかったので、ここは訳者の判断で訂正をして邦訳した。ただし、これは訳者の未熟さゆえの誤解である可能性も排除できないので、この邦訳部分には訳注を付した（［訳注5］、［訳注6］）。

　また、原文中にはヴィゴーツキーが他の研究者の著作から引用をしている記述が少なからず見られる。その場合に、引用符が示されている場合と、必ずしも引用符が示されておらず、そのため、引用文の範囲が確定されにくい場合があった。その場合にも、邦訳では、訳者の読解による判断で引用文に「　」を付した。

　なお、原文には見出しなどはまったく挿入されていない。本文中の節や項の見出しは、多少でも読みやすくなるかと考え、訳者が便宜的に付したものである。また、本文中の太字の部分は原文において強調が付されている部分であり、［　］の中は訳者による補足である。

（2）第Ⅱ論文「児童学の対象」

　この「児童学の対象」は、ヴィゴーツキーの講義の速記録である。これは、他の一連のヴィゴーツキーの講義の速記録と共に、『児童学講義』と題された本の中に収録されている（ゲ・エス・コロターエヴァ他編、ウドムルト大学出版センター、2001年：Предмет педологии. -В кн.: Лекции по педологии. Под ред. Г. С. Коротаевой и др. Ижевск：Издательский дом «Удмуртский университет», 2001, С.10-31）。

　この本の編集者によると、ここに収められた一連の講義は、1933年から1934年の間におこなわれたものだという。したがって、「児童学の対象」も年月は特定されてはいないが、まさに、ヴィゴーツキー晩年のこの時期のものと考えられる。

　実は、「児童学の対象」という表題は速記録それ自体には付されておらず、編集者による命名ということである。しかし、読めばすぐにわかるように、この表題は講義の内容をストレートに示している適切なものと思われるので、ここでもそのまま採用した。まさにこの講義では、そこで指摘されている児童学の二つの問題 —— その対象と方法 —— のうち、もっぱら、児童学の対象についての理解を深めることが追究されているからである（児童学の方法の問題は、次に続く別の講義 —— 本書の第Ⅲ論文 —— で取り上げられている）。

　児童学の対象に関するこの講義の中で、ヴィゴーツキーは、児童学は「子どもの発達を研究する」ということを明確に定義し、続いて、「子どもの発達とは何か」ということを、発達の最も基本的な法則とそれに付随する（あるいはそこから派生する）重要な法則や命題を取り出し、詳しく分析することによって、内容豊かに明らかにしているのである。それらの詳細は本文に委ねることになるが、ひと言で言えば、そこでは、唯物論と弁証法に貫かれた子どもの統一的な発達過程のあり様とメカニズムが、子どもの発達の具体的な姿を例示しながら、わかりやすく説明されているのである。

　ところで、本書の第Ⅰ論文「児童学の方法論」の中で、ヴィゴーツ

キーは、子どもに関する総合的な科学としての児童学の対象規定について、その方法論的な原理に立脚して、次のように表明している。すなわち、「児童学の研究対象は、多種多様な科学的知識の総合にあるのではなく、客観的現実の諸過程の総合にある」、「独立した科学としての児童学を構築するための基礎は、その研究対象である子どもの統一的な発達過程の客観的現実性を承認することにある」、と。

この表明に従うならば、この第Ⅱ論文「児童学の対象」において解明されている、児童学の対象たる子どもの統一的な発達過程の基本法則やそこから派生する各種の法則 —— たとえば、「子どもの発達は循環的に経過する過程である」、「子どもの発達の個々の側面は不均衡・不均等に発達する」、「子どもの発達におけるあらゆる進化は、退行・逆方向の発達と同時にある」、「子どもの発達は量的な変化に還元されない質的な変化の連鎖である」等々 —— は、単に、様々な科学からの知識が研究者の頭の中で総合されて導かれたものではなく、児童学が児童学として独自に、子どもの発達の客観的諸事実と向きあい、これらの発達的事実の動態に反映された客観的現実の諸過程の法則を取り出し、それらを総合して導き出したものなのだ、ということが理解されるのである。

この第Ⅱ論文を読んでいくにあたって、以上の点を確認しておくことは特に重要に思われる。なぜならば、それによって、私たちには、ヴィゴーツキーの児童学においては、児童学の方法論とそこから導かれる対象規定との必然的な結合によってこそ、唯物論と弁証法に貫かれた子どもの発達過程のあり様とメカニズムが具体的に解明されているのだ、ということが理解されるからである。ヴィゴーツキーは、複雑な構造を持ち、複雑な法則性を示す、複雑で精巧に組織された過程である「子どもの発達の概念は、哲学的、一般理論的な見地から解明されるべき基本的な概念のひとつです」と述べ、まさに、方法論と研究対象である子どもの発達との不可分な関係を、児童学の研究の基本に捉えているのである。

なお、編集者によれば、『児童学講義』の中に収録されている「児童学の対象」を含めた一連の七つの講義の速記録が、『児童学の基礎』と

題して、ゲールツェン名称レニングラード教育大学から、1935年に、発行部数100部で出版されたという。驚くほど発行部数が少ないが、児童学が上から全面的に弾劾され、一掃される共産党中央委員会決定（1936年7月4日）が出される前年のことだと知れば、おそらくはその兆しの感じられる中での出版だったのだろう、という事情が推察できよう。

　ところで、児童学に関するヴィゴーツキーの著作については、彼の発達理論そのものが児童学を内包している（ないしは、児童学が彼の発達理論に基づいている）ので、その意味では、すでに多くの邦訳がなされている。それらの中にあって、ここに訳出した「児童学の対象」はどのような独自の資料的価値を有するものなのだろうか。

　「児童学の対象」の内容と関連した一連の邦訳文献が収められた論集として、土井捷三・神谷栄司監訳『「人格発達」の理論』（三学出版、2012年）が出色である。この論集では、主として、冒頭に指摘したコロターエヴァ他編『児童学講義』の中の第2部に収録されている文献が訳出されている。とりわけ、「児童学の対象」の内容と理論的に関連が強いのは、「児童学的な年齢の概念」、「子どもの発達の年齢的時期区分の問題」、「年齢期の構造とダイナミズム」、「年齢期の問題と発達診断学［発達の最近接領域］」と題された文献である。これらの文献には、「児童学の対象」で論じられている概念や理論的定式と重なるものを多く見出すことができる。

　しかし、これらの一連の文献では、何よりも、子どもの発達における「年齢期」の概念を明確に定義することを目的に、たとえば、「書類上の年齢と児童学的年齢の不一致」や「年齢期の新形成物」やその他に関する法則や命題について、言わば、上から理論的な説明を試みていることに特徴がある。それに対して、「児童学の対象」では、児童学の対象たる「子どもの発達」とは何かを明らかにすることが目的とされ、子どもの発達の具体的な事実をわかりやすく例示しながら、言わば下から、発達の最も基本的な法則、たとえば、「子どもの発達の循環的な経過」や「子どもの発達の個々の側面の不均衡・不均等」や「子どもの発達にお

ける転換の法則」などが定式化され、そこから派生するいくつもの法則
や命題が明らかにされているのである。つまり、児童学の内容を理解し
ていく展開としては、何よりもまず「児童学の対象」が先に読まれ、そ
ののちに『「人格発達」の理論』の一連の文献が読まれるべき位置にあ
る、と言えるのである。それに続いて、さらに進んで、『「人格発達」の
理論』に収録されているそのほかの文献、特に各年齢期について詳述さ
れている一連の文献にも目を通すことにより、ヴィゴーツキーの児童学
についての、また、彼の発達理論についての理解が深められていくよう
に思われる。

　なお、この速記録には、本の編集者によって３か所だけ単語が訂正さ
れている箇所があった。これらの箇所は本文の中に訳注で指摘してある
（［訳注1］、［訳注2］、［訳注3］）。必ずしも誤植とは思えないものもあるが、
訂正によって、確かにより適切な文意になるので、訳出にあたってはこ
れらの訂正に従った。

　また、この速記録には節や項の見出しはまったく書かれていないが、
訳出された本文には、訳者による見出しがつけられている。これは、少
しでも読みやすくするためと、内容理解の一助となることを期待しての
ことである。さらに、訳文は、多少間延びすることは否めないが、話し
言葉による講義ということで、「です・ます」調を採用している。また、
本文中の太字の部分は原文において強調が付されている部分であり、
［　］の中の記述は訳者による補足である。

（3）第III論文「児童学の方法」

　この「児童学の方法」は、第II論文と同様に、ヴィゴーツキーの講義
の速記録であり、同じ『児童学講義』の本の中に収録されている（ゲ・エ
ス・コロターエヴァ他編、ウドムルト大学出版センター、2001年：Характеристика
метода педологии. -В кн.：Лекции по педологии. Под ред. Г. С. Коротаевой и
др. Ижевск：Издательский дом «Удмуртский университет», 2001, C.31-52）。
この速記録には、本の編集者によって「児童学の方法の特徴」という

表題が付されているが、本書では簡潔かつ端的に「児童学の方法」とした。

『児童学講義』の編集者によると、その本に収められた一連の講義はすべて、1933年から1934年の間におこなわれたものだというので、「児童学の方法」もやはりヴィゴーツキー晩年のこの時期のものと言える。

さて、「児童学の方法」の内容はきわめて明確であり、そこには児童学に固有な研究方法として三つの方法が定式化されている、というものである。それは、①統一的方法、②臨床的方法、③比較・発生的方法である。本文の中では、それぞれについて、次のように説明されている。少し長いけれど、引用しておきたい。

「それ自身の対象の特性との関連で、児童学は自らの特別な方法 ── 私が皆さんに語ることに努めたように、三つの基本的な局面によって特徴づけられる方法 ── を入念に作り上げています。第一の基本的な局面は、それは、子どもを統一的に研究する方法だということであり、統一的な研究とは、全面的な研究とか、分析を排除する研究だとか理解してはならず、分析の独自のタイプ ── まさに、要素への分解ではなく単位への分解方法を用いる分析 ── のことだと理解しなければならない、ということです。……（中略）……児童学的方法の第二の特性は、それは、個々の年齢期の徴候の背後にある発達の過程を研究するという意味で、臨床的性格を有しているということです。そして、児童学的方法の第三の特性は、それは、個々の年齢段階での子どもの発達の特性を研究し、これらの個々の年齢段階をできる限り狭い時間間隔で互いに比較し、まさにそのことによって、発達において子どもがある段階から別の段階へと移行する道筋の解明へと私たちを導くところの、比較・発生的方法であるということです。これこそは、児童学的研究の方法を特徴づける三つの基本的な特性なのです。」

こうして、本文の中では、これら三つの方法について理解を促すために、少なからぬ具体的な例を提示しながら、いっそう詳しい説明がなさ

れているのである。

　それらの具体例のうち、統一的方法における単位への分解の説明での「水の分子」や「細胞」の例は、すでに邦訳のあるヴィゴーツキーの他の文献にもしばしば登場しているので、目にした人も多いだろうし、とてもわかりやすい説明だと思われる（たとえば、本書の第Ⅳ論文の中でも詳しく説明されている）。しかし、他方で、人間の言葉の独自の分析単位を構成している「音素」の例 —— この例も本書の第Ⅳ論文の中でごく簡単に言及されてはいる —— は、この講義の中で相当に詳しい説明がなされているが、わが国の読者にとっては、ロシア語の文字やロシア語の文法について多少なりとも知識がないと、なかなか理解が難しいのではと思われる。それゆえに、邦訳では、訳注を入れたり（本文中の［訳注4]、［訳注5]、［訳注6]）、語を補足したりして理解の促進をはかったが、それが功を奏することを祈るばかりである。

　臨床的方法の説明において、対処的方法から臨床的方法への移行によって、児童学が、外的な徴候の研究から徴候の背後にあるものを見抜き、発達の過程それ自体を研究することができるようになった、との説明はわかりやすいものである。臨床的方法の臨床的方法たるゆえんは、まさに、「徴候それ自体を研究するのではなく、徴候の研究を利用することによって、これらの徴候の背後にある発達過程の研究に到達しようと努めている」、という点にあるからだ。本文中に、「ソビエト児童学の中にさえ、児童学自身を年齢的な徴候-複合 —— すなわち、ある年齢を識別する特徴の総和 —— に関する科学と定義することを提案していた研究者たちがいました」、との批判的な記述があるが、この記述は、本書の第Ⅰ論文で、児童学の方法論をめぐって、ヴィゴーツキーがブローンスキーの考え —— 児童学の研究対象を年齢的な徴候-複合それ自体とする考え —— を批判していることと連動しているものである。

　また、臨床的方法の説明では、徴候は同一でも背後にある発達過程には違いがある例として、「神童」と「天才児」の違いが取り上げられている。本文の中では、「神童は、その発達の中に年齢層を先回りする徴

候が存在していることによって特徴づけられるのですが、他方、正真正銘の、傑出した、天賦の才能に恵まれた子どもは、その発達において、当該の年齢期に固有な特徴が支配的であることによって、ただし、この年齢期が並外れて創造的に、豊かに体験されていることによって、特徴づけられるということです」、と説明されている。外に現れる徴候だけでは見抜くことはできないが、神童と天才児では、徴候の背後にある発達過程には本質的な違いがあるというわけである。臨床的方法によって、背後に隠された両者の本質的な違いが析出されるとなれば、これは、とても興味深いことである。とはいえ、わが国では神童も天才児も区別されず、同じものと見なされているので、この例示によって両者の違いについて説明を受けても、それはそれとして頭で理解はできるが、発達過程の違いを具体的にイメージできるかは、なかなか難しいようにも思われる。

　その一方で、比較‐発生的方法における「比較切断法」については、その用語は耳慣れないものだが、具体例での説明は、個人への縦断的方法 ── 集団的な縦断法ではなく ── と類比すれば、理解は難しくはないだろうと思われる。いずれにしろ、具体例も含めて、これ以上の詳しい説明は本文に委ねるほかはない。

　ところで、この論文で扱われている児童学の三つの方法は、それぞれをばらばらの個別の方法の次元で理解してはならない、ということに特に注意をする必要がある。なぜならば、本文の「8.まとめ」の部分で、ヴィゴーツキーが次のように述べているからである。

　「私たちは、研究の方法上の一連の個々の手立てについて知識を得ました。とても多くの手立てがあるわけです。たとえば、子どもの身体的発達の研究の、子どもの知的発達の研究の、知的発達における個々の機能や側面の研究の、子どもの言葉の研究の手立てや、子ども研究の方法などです。しかし、これはもはや方法ではなく、方法体系です。つまり、あれこれの方法を実現させる技術的な手立ての一定のシステムなのです。しかしながら、この方法体系を正しく適用できるのは、本日私が述べて

きた方法そのものの原理を理解している場合だけなのです。」

　つまり、この論文で述べられている児童学の三つの方法は、相互に関係しあいながら、これらの方法の基礎にある原理 —— つまり、方法論 —— を踏まえて、付随する個々の様々な方法を方法体系へと統合し、まとめあげ、単なる総和としてではなく、システムとして正しく適用できるための方法 —— つまりは、方法の方法 —— として位置づけられているのである。これらの関係を理解するためには、この序論の3の最初の部分で先行オーガナイザーとして言及した「方法論」、「方法」、「方法体系」の各概念の違いを知っておくことが不可欠だとしたゆえんである。

　最後に邦訳の件で断っておきたいことがある。速記録の記述について、『児童学講義』の編集者によって補足や変更がなされている箇所が3か所、誤植としての訂正が1か所見受けられた。邦訳では、訂正が適切と思われる場合（［訳注2］）と誤植の訂正（［訳注10］）を除いて、あとは特に訂正の必要はないと思われるので、速記録のままにしている（［訳注1］、［訳注3］）。そのほかに、原文の中には、訳者から見て明らかに誤植と思われる箇所が3か所（本文中の［訳注7］、［訳注8］、［訳注9］）あった。これらは訳者の判断で訂正して邦訳した。

　なおまた、原文は講義という話し言葉なので、邦訳では、やはり「です、ます」調の表現を採用した。また、原文には見出しなどはまったく挿入されていない。本文中の節や項の見出しは、少しでも読みやすくなるようにと、訳者が便宜的に付したものである。本文中の太字の部分は原文において強調が付されている部分であり、［　］の中は訳者による補足である。

（4）第Ⅳ論文「対象と方法の弁証法 —— 思考と言葉の関係の問題」

　ここに訳出した論文は、ヴィゴーツキーの主著である『思考と言葉』の第1章「問題と研究方法」である（Глава первая：Проблема и Метод Исследования. Мышление и Речь. Психологические Исследования. М.：Л., 1934, С.4-15）。『思考と言葉』は、よく知られているように、ヴィゴーツ

キーの著書の中で最も有名であり、重要であり、かつ病床に伏しながら口述筆記をしたとされる章（ふつう第7章とされるが、第1章も同時期のものなのでその可能性が高い）を含む最後の著書でもある。

　『思考と言葉』の全編に貫かれている最も中心的なテーマは、この第1章で繰り返し述べられているように、思考だけでなく、また言葉だけでもなく、まさに「思考と言葉の関係の問題」の解明である。ヴィゴーツキーによれば、思考と言葉の関係の問題こそは人間の意識の本質を理解するための鍵であり、この問題の解明こそが、人間に独自の意識が発達する姿を明らかにしてくれるのである。この第1章では、『思考と言葉』の引き続く各章で議論される問題への導入として、思考と言葉の関係の問題をめぐる本質的な争点がきわめて簡潔に、また過不足なく整理されている。そこでは、従来の研究の批判的検討を経て、思考と言葉の関係の問題の解明へと導く不可欠の問いとして、①思考と言葉の関係の問題を研究する場合の研究対象となるものは何か、②その対象を研究する研究方法としての分析方法とはどのようなものか、そして、③研究対象と研究方法とを統合する一貫したメカニズムとは何か、ということが明らかにされているのである。

　ここでは、それぞれの問いに対する答えとして、①思考と言葉の統一的単位としての言葉の意味、②要素ではなく単位に分解する分析方法、③発達というメカニズム、ということだけを明らかにして、それらの詳しい内容については本文に譲らざるをえない。しかし、ここで指摘しておくべきことは、実は、児童学の方法論について議論した本書の第Ⅰ論文「児童学の方法論」において、ヴィゴーツキーは、児童学の方法論の基本方針を決定する基本的な局面として、「統一性」と「発達」という二つの局面を取り出しているということだ。ここから、児童学の研究対象としての子どもの統一的な発達過程が導かれるのである（研究対象としての子どもの統一的な発達過程に関しては、本書の第Ⅱ論文「児童学の対象」で詳しく論じられている）。この児童学の方法論の基本方針に従うならば、子どもの発達における思考と言葉の関係を捉える方法論とは、思考と言葉

の断絶や平行関係や外的関係ではなく、両者の統一的な発達過程を捉えうる分析方法を導くものでなければならない、ということになる。

　この点では、本書の第Ⅲ論文「児童学の方法」において、統一的方法としての単位に分解する分析方法について、特に詳細に論じられている。そこでは、単位に分解する分析方法の説明のあとに、「単位の方法を用いる研究によって、私たちは、関係を研究することへ、要素に分解されず、自らの中に最も単純な形でこれら要素の関係を保持している単位 ── つまりは、この場合に、発達において最も重要であるもの ── を研究することへと導かれるのです」、と宣言されている。つまり、思考と言葉の問題をテーマとする場合には、単位に分解する分析方法によって、思考と言葉の発達において最も重要であるもの ── 両者の関係 ── を研究することだという、まさに、この第1章（この第Ⅳ論文）の内容を成す「思考と言葉の関係の問題」につながる見通しが表明されているのである。

　このように、上で立てられた①、②、③の問いとそれぞれに対する答えは、まさに、第Ⅰ論文での方法論に基礎づけられた本書の第Ⅱ論文での研究対象の考察や、第Ⅲ論文での研究方法の検討から導かれている、ということが理解されるのである。この点を踏まえて、上述の問いと答えの関係を方法論的に端的に表現する意味で、第1章「問題と研究方法」の邦訳であるこの第Ⅳ論文の表題を「対象と方法の弁証法 ── 思考と言葉の関係の問題」とした、ということをお断りしておきたい。

　次に、ここからは、翻訳の問題について少し説明をしたい。よく知られているように、『思考と言葉』は、柴田義松先生の翻訳により、『思考と言語』のタイトルで1962年に明治図書から上・下2巻に分けて出版されている。ただし、この邦訳は、スターリンの死（1953年）後、スターリン批判の直後に解禁・出版された1956年版に基づくもので、1934年の初版によるものではなかった。スターリン批判後とはいえ、ソビエト時代の思想統制下で、1956年版には編集者によって意図的に削除や改変がなされた部分が少なからずあり、その点が問題であった。

ソビエト連邦が崩壊してからは、1934年版の初版に忠実とされるいくつかの改訂版が出版されている。その後、柴田先生は、1996年に出版された“Лабиринт”版を参照して、2001年に新読書社から『思考と言語』の新訳版を出版されている。この場合、初版に忠実とされるその後の改訂版が、1996年版も含めて、1934年の初版と完全に同一の内容であるならば、問題は解消されたことになるだろう。しかし、実際には、必ずしもそうはいかなかった部分が残っているのである。ここに訳出した1934年の初版の第1章を見るだけでも、その後の改訂版には、決して多くはないが、それでも気になる相違点がいくつか存在するのである。その違いは、ソビエト連邦崩壊後のロシアになってから手直しされたはずの1996年版や、さらに1999年版にもそのまま引き継がれている部分がある。したがって、そこは柴田先生の新訳版にも引き継がれたままになっているのである。

　こうした事情から、今回の邦訳（以下では、拙訳と表記する）では、1934年の初版に掲載されている文章の一言一句が、ヴィゴーツキーのオリジナルなものであると前提して、まずはその原文について、できるかぎりそのままに内容を読み取って翻訳することに努めている。その上で、誤植とは思えないのに、のちの改訂版、特に、柴田先生が新訳版の改訂に参照された1996年版の中で初版とは違っていて、それに従うと意味が大きく変わってしまう部分については、初版のままに訳出している。この部分には訳注を付してその旨を示してある（［訳注1］、［訳注2］）。また、1996年版の訂正が明らかに妥当で初版の誤植と考えられる部分は、その訂正に従って訳出したが、ここにもその旨の訳注を付してある（［訳注3］、［訳注4］）。

　次に、今回の拙訳にとって、かなり重要に思えることについて言及しておきたい。それは、いくつかの要となる原語に対して、拙訳ではあえて柴田先生の訳と違えてある点と、そのようにした理由についてである。

　まずは、訳語についてである。柴田先生は、基本的に、речьを「ことば」（または「言語活動」）、словоを「言葉」（または「単語」）、языкを

「言語」として、これらを厳密に区別して訳されているが、拙訳では、これらの語に対して共通に、ほとんどすべての場合に「言葉」という訳語を採用している。ただし、違う訳語の方が適切と思われる文脈では、異なる訳語を充てている。たとえば、「全体としての言語的（речевой）思考に固有なすべての基本的性質を最も単純な形で保有している単語（слово）」とか、「言語（словесный）材料が難しく複雑な場合には」といったような場合である。

　また、柴田先生は、基本的に、мышлениеを「思考」、мысльを「思想」として訳し分けられているが、拙訳では、これも区別して違う訳語を当てた方が適切な文脈 —— たとえば、「考えていること（мысль）や体験を合理的に理解し、それらを意図的に伝達するコミュニケーション」といったような場合 —— を除いて、どちらもすべて「思考」と訳している。

　このような、ある意味では大雑把ともいえる訳し方をなぜ採用したのか、その理由は次の通りである。ヴィゴーツキーに関心を持ちはじめ、その入り口として、主著である邦訳の『思考と言語』を手に取る人は多いと思われるが、その人たちにとって、そこに、たとえば、「思考とことばの問題」、「思想と言葉との関係に関する問題」、「思想と言葉の同一視」、「思考とことばの同一視」、「思想とことばとをひとつにする」、「ことばを思想の外的表現として」といった訳文を見た時に、日本語としての「ことば」と「言葉」を区別したり、日本語としての「思考」と「思想」のイメージを払拭した理解などが、はたして可能なのだろうかと危惧されるからである。

　もし、この理解が容易ではないとすると、たとえば、「言語的思考をそれを構成する要素に、たがいに無関係な思想と言葉に分解したうえ、これらの研究者たちは、ことばとは無関係な思考そのものの純粋な本性、および思考とは無関係なことばそのものを研究し、これらの間の関連については、二つの異なる過程の間の純粋に外的な機械的関連としてながめる」（新訳版、p.14）といった文章の意味が、簡単に理解できるもので

あろうか。この文章の場合、「思想」を「思考」と訳し、「ことば」を「言葉」と訳しても構わないと思われるし、むしろそうすることで、日本語で読んだ時に意味の混乱を招くこともなく、容易に文意を読み取れるように思われるのである。

　ちなみに、そのように試みたこの部分の拙訳を示しておこう。すなわち、「言語的思考をその構成要素に、互いに異質の仲間に —— つまり、思考と言葉に —— 分解するとき、それによって、これらの研究者は、言葉とは無関係なものとして思考の純粋な性質を研究し、また思考とは無関係なものとして言葉を研究して、思考と言葉の結びつきを、二つの異なる過程間の純粋に外的で機械的な依存関係として思い描こうとしているのである」といった具合になる。

　邦訳の『思考と言語』を初めて読みはじめた人から、とても難しくて、途中で挫折したという声を少なからず聞くことがあるが、内容を理解することの難しさの一因として、固すぎる訳し分けが、日本語を読んだ時に、イメージを結びにくくし、かえって文意を読み取りにくくしている点があるのではないだろうか。今回の拙訳での、訳語についての上記の試みは、このような難しさを少しでも避けて、読みやすく、文意の理解も容易になればということでの試みなのである。はたして、それが成功しているかどうかは、もちろん、読者による検証を経なければならないであろう。

　最後に断っておきたいことがある。1934年の初版の第1章の文章は、まったくと言っていいほど改行されることなく印刷されているということだ。それに従って、そのまま改行なしに訳文を続けてしまうと、とてつもなく読みにくいものになってしまうだろう。そこで、拙訳と柴田先生の邦訳とを対照しやすくするためにも、できるだけ、拙訳の改行を柴田先生の新訳版の改行に合わせるようにしたが、必ずしもその通りにしていない部分もある。また、原文には見出しなどはまったく挿入されていない。本文中の節や項の見出しは、やはり、少しでも読みやすくなるようにと、訳者が便宜的に付したものである。なお、本文中の太字の部

分（2か所だけだが）は原文において強調が付されている部分であり、
［　　］の中は訳者による補足である。

　以上で各論文の解説を終え、引き続き、第Ⅰ論文、第Ⅱ論文、第Ⅲ論
文、第Ⅳ論文の各本文を順次掲載していくことにしよう。

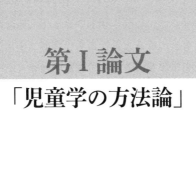

第Ⅰ論文

「児童学の方法論」

1　新しい心理学への道

◉心理学と隣接科学の関係の問題

　新しい心理学の形成とその方法論の自覚の過程においては、他の科学と心理学の関係の問題を解明することが本質的な位置を占めるに違いない。科学的な知識体系の中での心理学の位置を正しく理解することは、心理学によって研究される現象の本性に関する問題を半分だけ解決することを意味している。なぜならば、科学間の関係は、［知識体系の中での位置ではなく、］基本的に、当該の科学によって研究されている対象間の関係によって決定されているからである。それゆえに、他の科学と心理学の関係を正しく決定することは、心理学的な現象の位置を、客観的現実のその他の現象のシステムの中で理解することを意味しているのである。

　心理学と隣接科学との［関係という］この問題は、まさに、心理学の方法論全体にとって中心的な意義を持っているがゆえに、この問題は、様々な心理学的潮流、様々な哲学的体系の中で、まったく様々に解決されてきた。言うまでもなく、本質的に、これは経験的研究の問題ではなく方法的、哲学的研究の問題であり、哲学的心理学の問題である。それゆえ、この問題は新しい心理学の中心的な問題のひとつであると同時に、最も難しい問題のひとつでもある、ということはまったく明らかである。それゆえに、歴史的、方法論的、および批判的な研究がこの問題の入念な検討に向けられなければならない。

　言うまでもなく、次のことは明らかである。すなわち、これまでに様々な哲学的体系や様々な心理学的潮流の中で提案されてきたこの問題の解決策はすべて、心理学の対象と課題に関する［新しい心理学とは］別の哲学的理解に基づいて構築されてきたということ、それゆえに、これらの研究の結果として、未解決な問題に直面することになるだろうとあらかじめ予測することができる、ということである。

　その他の方法論的な問題に関しても同様に、新しい心理学は、受け入れ可能な既存の解決策 —— たとえ、ある種の改良が伴っているにしても —— を、そこに見出すことはないであろう。新しい心理学は自らの方法論的な進歩と発達に応じて、この解決策を練り上げ、創造しなければならないのである。もちろん、このことによって、今までに提案されたこの問題の解決策はどれも新しい心理学にとって何の利益ももたらさず、即座に捨てられて然るべきであるとか、これらの解決策はおしなべて、新しい心理学の見地からは同じような価値を持つ［にすぎない］、と言おうとしているわけではまったくない。そんなつもりは毛頭ない。

　この問題の解決の道は、この点に関して科学によって蓄積される資料全体の入念な研究を経て、切り開かれるのである。そして、このような研究によって、今度はひるがえって、心理学の発達を支配していた歴史的潮流の複雑さや、心理学の科学的な建造物の多種多様さの全容が明らかにされるのである。したがって、これらの研究は、この問題の解決において、過去の遺産に対する歴史的アプローチと差異化された［＝他とは異なる］アプローチの道を指し示しているのである。

　私たちの興味を惹くいっそう特殊な［＝個別的な］テーマの分析にとっては、この問題の設定において基本となる局面を前もって解明することがぜひとも必要であるのだが、今は、ごく概略的な形であったとしてもこの問題の全体について言及するつもりはない。重要なことは、私たちの前に、全体としての心理学が他の科学と心理学との相互関係の問題を提起しているというだけでなく、個々の特殊な心理学の分野もまた、隣接の近縁的な分野と自分自身との相互関係の解明を要請しているということである。

●児童学と児童心理学の関係の問題

　子どもの心理学もこのような特殊な心理学の分野のひとつであるが、それは、ごく最近まで、ヨーロッパの心理学においてもわが国の心理学においても、その方法論的な裏づけをもって心理学に所属する重要な地

位をまだ占めていなかった。最近では、特に科学・研究の仕事の実践において、児童学と児童心理学の関係の問題が、原則的な解決を要請している喫緊の、差し迫った、焦眉の問題のひとつとして提起されている。

　私たちは、本論文を、まさにこの問題に捧げたい。

　周知のように、この問題にはいくつもの対立が存在していて、そこでの見解の相違は絶大なものになっている。たとえば、一方では、心理学の側から、児童学を原則的に完全に否定し、児童心理学を先頭にした一連の特殊な科学によって児童学を入れ替える、という傾向がきわめて明瞭に現れている。この点に関しては、児童学と児童心理学の間にあっさりと等号を引くという、いっそうラディカルな試みも存在している。

　他方では、児童心理学を児童学的な研究の不可分な一部分と見なし、独立した分野としての児童心理学の法則性を否定しようとする、児童学の側から発している傾向が同じように明瞭に現れている。児童学と児童心理学を同一視するという点では一致している —— このような一致は、過度な極端さによってしばしば生ずるのだが —— これら二つの極端な見解の間には、この共通の科学を単に違ったふうに呼んでいるだけで、児童心理学も児童学も共に承認する一連の別の見解が場所を占めている。だが、これらの見解の間でも統一は存在していない。二つの科学を分離したり統合したりする境界や結合の確定、二つの科学の対象や方法の確定は、やはり、研究者が異なれば違ったふうにおこなわれているのである。

2　総合の方法論的な問題

●研究対象の統一性と発達過程の客観的現実性の承認

　子どもの発達に関する統一的な独立した科学としての児童学は、その対象の弁証法・唯物論的な理解に基づいてのみ、方法論的かつ実践的に仕上げることができる。統一性（発達の個々の側面や個々の過程の総合によってもたらされる新しい質と法則性；この総合の基礎にある相互依存性や結合や関係の

解明と研究への特別な基本方針）と発達こそは、全体的な研究やそれぞれの個々の研究において、児童学の方法論的な基本方針を決定している二つの基本的な局面なのである。

　独立した科学としての児童学を構築するための基礎は、その研究対象である子どもの統一的な発達過程の客観的現実性を承認することにある。私たちは、この局面を特に強調すべきだと考えている。私たちには、観念論的に方向づけられた児童学とは違って、この局面に、独立した統一的な分野としての児童学の問題の核心そのものが含まれている、と思われるのである。［これに対して、］観念論的に方向づけられた児童学は、児童学を統一的な独立した科学として承認する基礎を、子どもの発達過程に対する独自の観点の中に、この発達の問題への別のアプローチの可能性の中に、つまりは、主観的な局面の中に見ている。新しい児童学は、それが研究する法則性と過程の客観的現実性を承認するのか、それとも否定するのかによって「立ち続けたり、転んだりする」のである。

●ホールの場合

　スタンレー・ホール（Hall, G. S.）にとって、児童学は心理学の一部、人類学の一部、医学と衛生学の一部を成していて、どのような分類にも入らず、ある意味で先例のないものなのである。彼は述べている。「医者は体重を量り、聴力や視力などを測定し、診察する。言語学者は、子どもの言語の中に人類の言語の発達を研究する。双方とも、子どもの感覚について、恐怖や怒りや迷信について、興味の異なっている種々の時期について、子どもの記憶の発達やその他について、お互いに知りたいとは思っていない。［しかし、］独創性とは、まさに新しい方向の中にあり、ひとつの対象の上に多くの科学的な分野と方法を結集することにある。これらの分野と方法の多くは、あるいは少なくとも一部は、今までこのような結合を知らなかった。」

　こうして、ホールにとっては、二つの局面が注意の中心に進み出る。ひとつ目は、研究者の関心における新しい方向の可能性、子どもに対す

る様々な方法やアプローチの知的な組み合わせ、以前は分裂していた研究の基本方針の新しい結合である。二つ目は、研究者の頭の中で結合されたこれらの観点、アプローチ、関心のすべてが振り向けられる経験的な対象の統一である。

　こうして、ホールにとって児童学の基礎とは、児童学によって研究される経験的ではあるが方法論的ではない対象の統一、および共通の経験的な対象に対する様々な観点の結合の可能性、ということなのである。この点では、私たちの関心事である問題の方法論的な側面は、まだ十分に解明されてはいないと言わなければならない。ホールとはまったく異なる哲学的立場に属する児童学者も、きわめてしばしば、児童学的な研究の基本的特徴として総合について述べている。

●バーソフの場合

　たとえば、バーソフ（Басов М. Я.）は、次のように児童学を定義している。すなわち、「発達する人間を研究している個々の科学的分野のそれぞれが、その分野の重要な成果を自分自身の独自な観点から編成するすべてのものの科学的な総合である」、と。このような定義はその方法論的な基礎を徹底的に明らかにすれば、実際には、ホールの定義と同じ基礎の上に築かれている。この総合を、属性の特徴に応じて機械的に結合される多種多様な知識の単純な総和とか、あるいは総計として思い描くとしたら誤解である、という釈明も問題を何ら解決しない。実際、これはまさに総合には違いない。これは、構成部分の有機的な結合に基づいてひとつの全体へと組織される何ものかであり、単純に、これら構成部分の相互の結合ではない。［とはいえ、］一連の問題は、このような総合の過程で初めて生じる可能性があり、また生じるに違いないのである。

　私たちは、このような説明では問題は何ら解決しない、と述べているわけである。その理由は、基本的に、決定的に、問題がホールの場合と同じように立てられているからである。［バーソフによると、］児童学は個々の科学的分野の重要な成果の総合であり、多種多様な知識の総合で

ある。したがって、児童学を承認するための基礎は、児童学によって研究されている法則の客観的現実の中に見て取られるのではなく、特別な種類の知的構成の中に、つまりは、多種多様な科学的知識の加工と比較の過程全体の独自の動向の中に見て取られるのである。児童学の基礎に看取されているのは、科学的知識の総合であって、客観的現実の諸過程の総合ではないのである。

●主観的な総合か客観的な総合か

しかし、児童学の基本的な研究対象であるこの総合はいったいどこで生起するのか ── 研究者の頭の中なのか、それとも客観的現実、実際の現実の中なのか ── という問題は、児童学の方法論全体にとって重要な、決定的な、中心的な問題である。総合は、他の科学の対象と同様に私たちがその理解に至るずっと前に、私たちの意識の外側に、意識から完全に独立して存在しているのだろうか、それとも、知的な構成 ── たとえあらゆる見地から見てきわめて正当だとしても、それでもなお知性による構成 ── 以外の何ものでもないもの、つまりは、研究者の意識の中で実現される、よくある事例の総合なのだろうか。

このような総合として、同様な総合 ── すなわち、きわめて多種多様な科学的分野の成果と知識の知的な集計や結合 ── を求める多数の理論的および実践的な問題の名を挙げることができる。反対に、様々な科学のデータのこのような主観的総合を求めない実践的問題の名は、おそらく、ひとつたりとも挙げることはできないだろう。

こうして、問題の根、問題の中心は、この総合の本性に、つまりは、この総合の占める位置にある。この総合は客観的な総合なのか、それとも主観的な総合なのか、研究者の頭の中で実現される総合なのか、それとも客観的現実の中で実現される総合なのか。この問いに対して、児童学における方法論的な研究はすべて、まったく疑いのない確固たる答えを与えなければならない。なぜならば、児童学はそれが研究している法則が客観的現実の一部を構成していることが確認され、証明され、裏づ

けられるときにのみ、独立科学として承認されることが可能だからである。

　これとは別のどの場合にも、児童学は、実践的活動の発達における独特の潮流として、様々な科学のデータを統合し、相互比較をする独自の分野として見なされうるが、決して独立した科学とは見なされえないのである。

　私たちの実生活の何らかの領域への応用を目的に、このような様々な科学的知識の総合を実践的に利用するよう指示する試みも、問題を何も解決しない。［たとえば、］児童学は教育学的な利用を目的に子どもを研究している様々な科学の総合である、と指摘しても、方法論的な観点からは、事態を何ら解決しないのである。なぜならば、それでもなお、この総合の本性に関する根本的な問題、この総合がどこで実現されるのかという根本的な問題は、依然として残ったままであるからだ。［確かに、］児童学は実践の点できわめて重要な様々な科学的知識の総合であり、実践的な目的で利用される総合ではある。したがって、この見地から児童学を解明する必要があるということは、容易に想像がつく。しかしながら、［この見地からでは、］児童学は統一的な独立科学ではまったくないのである。

　方法論的な分析が示しているように、児童学のその他の定義も、やはり、この中心的な問題に最後までまったく決着をつけられなかった。その多くは、この中心的な問題にただ気がつかないままでいる。基本的な方法論的問題でのこのような曖昧さの結果として、一連の児童学の教程に対してブローンスキー（Блонский П. П.）の下した厳しい宣告は、残念ながら、今日でも依然として基本的に正しいままなのである。この宣告は述べている。「真実を述べなければならない。目下のところ児童学の教程は、しばしばきわめて多種多様な知識分野のロシア風サラダ［＝ごた混ぜ］であって、単に、様々な科学の知識の組み合わせ、子どもに関係するものすべての組み合わせにすぎない。だが、はたして、このようなロシア風サラダは特別の独立した科学であろうか。もちろん、そう

ではない。」

3 ブローンスキーの児童学の定義をめぐって

●児童学の三つの定義

　ブローンスキーは、児童学によって研究されている現象の総合について、その本性に関する問題の解決策は方法論的に破綻している、ということを他の誰よりも深く自覚していた。だが、方法論的な分析が明らかにしているように、ブローンスキー自身は、児童学の自らの定義それ自体の中では、総合の場所に引っぱり出されるロシア風サラダの汚名〔＝ごた混ぜという汚名〕全体を一掃するような、原則的に明確な、最後まで首尾一貫した、この総合の本性に関する根本的な問題の解決策を与えていないのである。ブローンスキーは、児童学の自らの定義を三つの定式の中で明らかにしている。

　「私は、児童学を児童期の特性に関する科学として定義する」と彼は述べている。別の定式の中では、「私は、この科学を、子ども時代の様々な時期や期間における、典型的な一般の子どもの成長、体質、行動に関する科学として定義する」と述べている。最後に、第三の定式は次のように述べている。「児童学は、児童期の様々な時期、期間、段階の徴候‐複合（симптомо‐комплексы）を、それらの時間的順次性と様々な条件への依存性の中で研究する。」

　これら三つの定義 ── もちろん、これらはお互いに一致していて、共通の意味を明らかにしている ── 全体の中に私たちが見るものは、児童学的な研究の内容と対象の経験的な解明の試みであり、方法論的な解明の試みではない。児童期の特性ないしは徴候‐複合 ── つまりは、子ども時代の個々の期間や成長、体質、行動を特色づける特徴の総和 ── の全体は、疑うまでもなく児童学によって研究される。しかしながら、これらの概念のどれひとつとして、言葉の科学的な意味において児童学の対象を構成しないし、児童学の対象を方法論的に決定するもの

ではないのである。

●「特性」の概念および「成長、体質、行動」の概念をめぐって

　特性から始めよう。統一的な独立した科学の対象になるためには、児童期の特性は、それらが客観的現実の中に占める位置の観点からは、統一的な何かあるものでなければならない。児童期の特性の構造や経過、その本性は、多種多様な知識のロシア風サラダの対象ではなく、統一的な独立した科学の真の対象となりうるものでなければならない。とはいえ、児童期の特性は、その多様性全体がきわめて様々な科学によって研究されているうちは、それらを統一的な新しい科学の対象として承認する根拠とはならないのである。

　まったくのところ、児童期の特性は様々な科学によって研究されているではないか。それゆえに、次のことが問われよう。これらの特性に対する新しい観点、これらの特性の研究に向けられた新しい思考操作の可能性、新しい加工方法、新しい知的構成とはいったい何であるのか、と。あるいはまた、これらの特性それ自体の新しい客観的側面は、これらの特性を新しい科学の対象とするのだろうか、と。もし前者の問いが正しいならば、この新しい思考操作とはいったいどのようなものなのかが問われるだろう。もし後者の問いが正しいならば、これらの特性のこの新しい客観的側面とは、いったいどのようなものなのかが問われるだろう。

　同じことは、成長、体質、行動の概念にも完全に関わっている。というのも、成長も体質も行動も様々な科学によって研究されているからだ。これら三つの局面を三位一体として新しい科学の対象とするとき、いったい何がこれらの局面すべてを統合するのかが問われるのである。明らかに、児童学は、生理学や心理学によって研究されている成長それ自体、行動それ自体を研究するのではなく、何らかの新しい質としてそれらを研究するのである。

　こうして、この定義の重心は、明らかに、これら三つの異なる局面を三位一体に結合する助詞の「～もまた (и)」に移される。だが、まさに、こ

の三位一体の方法論的な基礎が解明されるべきだったのである。そうせずに、この「〜もまた」を経験的に理解するならば、私たちの前にあるのは、ほかならぬブローンスキー自身が多種多様な知識のロシア風サラダと呼んでいる児童学の教程全体に向けた、みごとな定式なのである[訳注1]。

●「徴候-複合」の概念をめぐって

　児童学的な研究の対象として徴候-複合について述べている［ブローンスキーの］第三の定義は、一見すると、児童学の対象に関する基本的な方法論的問題の解決に最も近づいているように見えるかもしれない。なぜならば、このような定式は、子どもの発達の客観的な統一的過程── その現れ、特徴、徴候が、上で児童期の特性あるいは成長、体質、行動と言われているものである ── が存在するということを前提にしているからだ。しかし、その場合には、児童学は、徴候ではなく、これらの徴候の中に現れている過程そのものを研究すべきであり、この過程の本性をより完全に解明すべきだったのである。

　一般的に私たちは、徴候の中に露呈したり、現れたり、見出されたりするものと無関係に、徴候そのものをそれ自体として研究する科学は存在しない、と考える傾向にある。徴候とは特徴、外的な現れである。科学は、これらの特徴が何の徴候なのかということを研究する。徴候-複合というもうひとつの概念は、この問題をある程度明確にしてくれる。明らかに、方法論的な重心はまさにこの概念にある。徴候の複合化、徴候の結合の究明は、明らかに児童学的な研究の対象であり、固有な特色なのである。

　このような意味において、ブローンスキーも自らの児童学の理解をとことんまで発展させ、総合としての児童学の定義を採用しているのである。このことが実際にそうだということや、徴候-複合の問題が総合の問題と同一であるということは、さらに続けて、ブローンスキー自身が自らの科学の対象を、［次のように］説明していることから理解される。彼は述べている。「もちろん、年齢的な徴候-複合を研究するとき、児

童学はあらゆる科学のデータを広範に利用する。しかし、それによって児童学の独立性が失われることはない。もちろん、他の科学も自らの目的との関連で、それぞれの時期において、子どもの成長の、子どもの体質の、子どもの行動の任意の個々の現象の進化を研究するが、これは明らかにまったく別の話だ。年齢的な徴候-複合の結合や法則全体と同時に、それらの徴候-複合それ自体を研究するのは児童学者のほかには誰もいない。したがって、児童学はまさしく、特別の研究対象を持つ特別の専門的な科学なのである。」

『年齢的児童学』の中で、ブローンスキーは、この上なく明瞭に、児童学における複合の思想を明らかにしている。彼は、きわめてはっきりと、児童学はそれ自身の固有な研究対象を持つ場合にのみ、科学という名称を要求することができると述べている（この意味では、ブローンスキーは、様々な科学的データの総合という学説の信奉者よりも、方法論的に正しい見地に立っているように思われる）。

　［さらに、］私たちから補足をしておこう ──［児童学が科学という名称を要求することができるのは、］この固有な研究対象が、研究者の頭の中で多種多様な科学的知識から組み立てられた、そして経験的な統一的対象に関係づけられた観念的対象ではなく、研究者の意識からは独立に客観的現実の中に存在している場合には、ということを。

　［さらにブローンスキーは続けている。］

「子どもの個々の特質が他とは無関係に研究されている間は、この研究の中に児童学的なものは何も存在しない。なぜならば、これらの個々の特質は、きわめて様々な専門の学者たち ── 生理学者、心理学者、その他 ── によって研究されることが可能だからである。子どもの研究は、それが個々の特質それ自体にではなく、これらの特質相互の結びつきに集中される瞬間から、初めて児童学的なものになるのである。たとえば、生理学者は子どもの成長現象を研究し、心理学者は子どもの行動を研究するが、一方で、児童学者は子どもの成長と行動との結合を研究するのである。

　児童学は、子どもの特質を十分に、かつ相互の結合の中で研究する。まさに児童学的な研究のこのような特性が、何人かの児童学者に児童学的な総合について語る根拠を与えている。子どもに関する個々のデータを総合するという思想は、発達の思想でもある。児童学者は、子どもの特質を、これらの特質がその発達においてどのように相互に結びついているのかを研究する。児童学は、児童期の様々な時期、段階、期間の徴候・複合それ自体を研究する。児童学は、児童学以外の他のいかなる科学によっても研究されることのない、それ自身の固有の研究対象を持っているのである。」

●ブローンスキーの考える「総合」

　それゆえに、ブローンスキーは「児童学」という言葉の拡張に反対する。この拡張の結果として、みんなが負けて、誰も勝利しないからである。［児童学の拡張によって、］一方では、児童学は、他の科学 —— 生理学、心理学、社会学 —— に正当に帰属するところの、まさにこれらの科学によって得られたものを着服するが、他方では、まさにその結果として、独立した科学としての児童学は存在しなくなる。なぜならば、自分自身の独自の固有な対象を失うからである。

　それゆえに、ブローンスキーは、児童学の内容を狭めることに賛成し、また、子どもの児童学的な研究はいろいろな子ども研究のひとつにすぎず、他の種類の研究 —— 生理学的研究、心理学的研究、その他 —— と並存している、という点を認めることにも同意するのである。児童学は、こちらとして他の科学を滅ぼさないし、他の科学も児童学を滅ぼしたりはしないのである。児童学は、子どもに関わる科学のひとつにすぎない。児童学はそれ自身として、決して、子どもを研究している他のすべての科学を吸収しようと努めるべきではない、というわけである。

　この最後の命題はまったく正しいと認めざるをえない^{訳注2}。児童学の基礎はその固有な対象の客観的存在の中に求めるべきであり、他方、他の科学と児童学の関係は、特別の方法論的研究の対象でなければならな

いのである。とはいえ、児童学の基礎にある総合の本性、結合の本性に関する問題が再び立ち現れる。やはりここでも、私たちはこの問題に十分な答えを見出していないのである。

［引き続きブローンスキーは述べている。］

「解剖学者は子どもの身体の構造を研究し、生理学者、心理学者および病理学者は子どもの日常活動や病的活動を研究し、社会学者は社会の中の子どもの状態を研究する。それでは児童学者はいったい何を研究するのだろうか。児童学者は、これらの科学全体の専門家ではないからといって、専門家たちの傍らで、専門家たちが子どもの中に指摘したものをすべてただ記録する、ということだけがその仕事なのか、ということが問われよう。児童学は、様々な科学の中に存在する子どもに関するデータを総合すると言われるが、この総合が単に折衷主義や寄せ集めではなく、真に総合であるためには、いったいどのような原理がその基礎に置かれるのかを示さなければならない。」

こうして、ここではブローンスキーは、あたかも、様々な科学の中に存在する子どもに関するデータの総合としての児童学の定義 —— つまりは、バーソフが立脚しているのと同一の定義 —— を採用しているかのようである。彼がもっぱら心配しているのは、この総合が寄せ集めではなく真に総合であるように、つまりは、この総合の内容を組織する様々な科学的データの知的構成や知的加工が、一定の原理的な基礎の上に立派に実現されるようにということなのである。それがゆえに、ブローンスキーは、すでに引用された定義の中で、子どもに関する個々のデータを［寄せ集めではなく］総合する思想として、発達の思想について語っているのである[訳注3]。

こうした一切合切が、再び基本的な問題 —— そもそも児童学的な総合はどこで実現されるのか、児童学者の頭の中なのか、それとも子どもの発達の中なのか —— を不明確にしている。実のところ、この基本的な問題に対する答えなしには、私たちは、児童学の他のすべての方法論的な問題の解決への、とりわけ、今私たちの興味を惹いている基本的な

問題であるところの、心理学と児童学の関係の問題への正しいアプロー
チを見出しえないのである。

4 児童学が独立科学として存在する 方法論的な根拠

　実際、もしこの総合が研究者の頭の中で実現されるならば、他の科学
と児童学的な研究との関係の問題は、様々な観点や様々なアプローチの
関係の問題であり、それは主として科学的思考の主観的な論理の問題で
ある。これに対して、もしこの総合が実際の現実の中で実現されるなら
ば、他の科学と児童学の関係の問題は、現実の客観的な論理の問題であ
る。すなわち、現実の当該の一部分ないしは固有な断片は、他の科学に
よって研究されている現実の他の固有な断片とどのように関係している
のか、という問題なのである。

　すでに上で述べられたように、後者の場合にのみ、児童学は独立した
科学として存在する方法論的な根拠を持つのである。前者の場合には、
児童学は、理論的ないしは実践的な目的で様々な科学的データを利用す
る独自の方法という以外の何ものでもない。後者の場合に、児童学は科
学なのである。そして、この後者の場合には、他の科学の対象と児童学
の対象との関係の客観的な論理に立脚して、私たちは、この客観的な関
係の論理が科学的思考に反映される正確な法則も発見することになる。
すなわち、まさにそのことによって、私たちは思考の主観的な論理の問
題も解決するのである。

●西欧やアメリカで統一的な独立科学としての児童学が廃れた理由

　そんなわけで、児童学は、方法論的および歴史的分析が示すように、
発達の個々の側面の機械的な統合だけを許容する子どもの発達に対する
形而上学的、形式論理学的観点に基づいても、また、子どもの発達過程
を成す真の統一を研究する道を閉ざす、人間の本性に対する二元論的見

解に基づいても、実現不可能なのである。

　まさにそれゆえに、自らを自覚した統一的な独立科学としての児童学は、それが誕生した西欧やアメリカでは、子どもの発達の任意の側面を研究している個々の科学が自然発生的に、かつ不可避的に自らの専門範囲を超えて、事実上それと自覚せずに児童学の見地に立っているにもかかわらず、実際には廃れてしまったのである。たとえば、思春期の心理学のほぼすべてがこのようになっている。

　形式論理学的な科学的思考の範囲内には、特別な科学としての児童学の場所はない。実際、アメリカやヨーロッパで最初に誕生した児童学は、今やこれらの国々では力を失っていて、思想だけでなく、名前そのものもすでにかなり忘れ去られているほどだ、という事実には深い意味がある。科学の方法論的な基礎の再検討と同時に生じている児童学的な研究の力強い高揚と開花が、新しい基礎の上に科学全体を再構築することと重なっているのは、偶然のことではない。

　このような事態の原因がどこにあり、なぜ児童学の思想や名前は開花できずに萎んだのかを解析し、若干の言葉で明確にするならば、これらの原因は次の点に潜んでいたと言わねばならない。すなわち、アメリカやヨーロッパの研究者たちが新しい独立した科学の建物をその上に建設しようと試みた方法論的な基礎が、子どもを研究する個々の科学をそれ自身の範囲外へ連れ出し、統合し、児童学の創造へと促した自然発生的な動向ときわめて大きく矛盾していた、という点である。

　これらの方法論的な基礎は、個々の特徴における統計的相関とか一致といった、発達の個々の側面間の結合の観念論哲学、生物発生学的平行論、形式論理学的理解などの不安定な基盤の上に、また子どもに対するアプローチの克服しがたい二元論の基盤の上に置かれていた。しかしながら、他方では、個々の科学の自然発生的な発達は、子どもを研究する個々の科学それぞれの発達に厳密な境界を設定していたまさにこれらの前提を、すべて克服できる方法論的な観点を要請していたのである。それゆえに、アメリカや西欧での児童学の致命的な危機は、個々の科学の

客観的な自然発生的な発達と、これら個々の科学の統合のための方法論
的な基礎との不一致の必然的な結果なのである。

●西欧やアメリカで児童学がなお存在し続けている理由

それゆえに、すでに指摘されたように、自分自身の名前を失い、死に
瀕した児童学が、それでもなお、アメリカや西欧で実際に存在し続けて
いるという事実は注目に値する。しかし、この存在は実際には亡骸の存
在である。自らを実現するための原理的、哲学的、方法論的な基礎を発
見する可能性に見切りをつけて、児童学は、子どもの発達の様々な側面
に関するデータを純粋に、経験的に加算する方法に着手したわけである。

次のような指摘は、実際に事態の正しい反映であるだろう。すなわち、
児童学は方法論的には廃れ、経験的には発展し続けているのだが、それ
は、様々な知識分野の経験的な接近の原理的な基礎について、深く掘り
下げることをしないからであり、また、これらの多種多様な知識の総合
が、これら多種多様な知識を著書の様々な章や部に割り振ることで達成
され、他方、これら知識の統合が綴じと製本の統一により達成されてい
る、ということに満足しているからだという指摘である。それにもかか
わらず、アメリカや西欧で出版される個々の著作が、しばしば経験的な
研究の本当に高度な見本であるとするならば、これは、児童学の形成を
もたらしている自然発生的な動向が、どれほど現実的に避けがたく、歴
史的に必然であり、方法論的に正しいかということの証拠なのである。

児童学は作り話ではなく、子どもに関する知識の発達の歴史的、必然
的な段階なのである。この点については、アメリカや西欧の児童学的な
研究の現状を注意深く分析すれば明らかである。すでに述べられたよう
に、現時点では、科学としての児童学の研究実践にとっても、また理論
構成にとっても、それ自身の方法論的な自覚の問題が中心的問題なので
ある。

5 児童学と児童心理学の関係の問題

●隣接科学間の協力、相互結合、接近の観点から

　そして、このことと関連して、心理学と同様に児童学にとっても、児童学と一連の隣接する類縁科学との相互関係の問題は、自らの発達全体にとってとりわけ焦眉の問題である。これは遠い将来の問題ではない。この問題の解決なくしては、児童学は自らの対象を正しく決定することができないのである。なぜならば、対象を決定することは、同時に、この対象と他の科学の対象との関係を決定することをも意味しているからである。

　しかしながら、この問題の解決において、大多数の研究者たちは、様々な科学の研究分野の間に絶対的、形而上学的な境界を求め、様々な現象の領域間や様々な科学分野間のこの上なく複雑な結合、相互依存、相互関係を無視して、形式論理学的な観点に立っている。弁証法的論理学はこの問題の解決に際して、私たちに、このような誤った基本方針を拒否して、児童学と他の類縁科学との相互関係の問題を、個々の科学間での研究分野の区分や区画の観点だけでなく、一連の近接分野の協力、相互結合、接近の観点においても解決することを要請している。なぜならば、これらの局面は、様々な科学によって研究されている現象相互の組み合わせや結合によって、決定づけられているからである。

　それゆえに、任意の科学 —— 児童学あるいは心理学 —— の方法論の形成は、不可避的に、一連の隣接科学の方法論的な基本方針の再検討、とりわけ、これら科学間の相互関係の再検討を前提とする。かくして、まさに児童学と心理学の関係の問題が解決されることによって、これら二つの科学それぞれの方法論的な本性に関する問題も解決されるのである。それぞれは独自の研究対象と研究方法を持っているが、お互いに方法論的に緊密に結びついている別個の独立した科学分野としての児童学と心理学との相互関係は、基本的に、次の二つの事態によって決定され

ているのである。［児童学と心理学との相互関係に由来する］児童心理学は、自らの研究と構築において、［ひとつの事態としては、］個体発生の過程全体に対して、心理学的な発達過程の占める位置と関係についての決定的で統一的な定義 ── 児童学的な定義 ── に立脚することによって、［もうひとつの事態としては、］子どもの発達全体に関する一般的学説に立脚することによって、児童学の分野のひとつとして発達すべきなのである。

●一般科学と特殊科学の合法則的、歴史的な関係

　この点では、児童心理学と児童学の関係は、ある程度まで、またある一点においてだけ、生物学と特殊な［＝個別的な］生物学的な科学との関係に類比することができると思われる。児童心理学だけでなく児童期の解剖学や児童期の生理学も、つまりは、子どもの発達おける任意の個々の側面を研究する特殊な科学全体が、自らの構築において、子どもの発達過程の本性と基本法則を決定しているところの、いくつかの一般原理的な命題と理論的な命題に立脚しなければならないと思われる。

　有機界［＝生物界］の任意の側面や部分を研究する個々の特殊な科学が、自らの構築において一般的な進化理論に、遺伝に関する一般的学説に、ひと言で言うならば、本能的生活に関する一連の一般的命題に立脚しなければならないのとまったく同様に、子どもの発達における任意の側面を研究する個々の特殊な分野は、子どもの発達の本性に関する一般的理解に立脚するときにのみ、言葉の本来の意味での科学になることができるのである。

　その場合に、個別の側面が研究されている発達の過程それ自体とはいったい何であるのか、という知識に立脚するときにのみ、発達の任意の側面を研究することができるのである。この知識（実は、この知識は児童学的な研究によってのみ提供される）なくしては、子どもの解剖学も、子どもの生理学と子どもの心理学も、言葉の本来の意味での真の科学になることはできないのである。

　この点に反対して、実際の事態を引き合いに出した、見たところはと

ても強力そうな反論を引用するのは容易である。しばしばこの点に反対して、科学の年代的発達に関する、破壊力のある、批判者の見解によれば反駁しがたい、それと同時に単純な歴史的調査資料が提示される。そして、私たちに対して次のように主張する。すなわち、児童学が相対的に若く、まだ完全には形成されておらず、自らを自覚していなかった科学であったときに、児童期の解剖学、児童期の生理学、児童期の心理学 —— あなた方が児童学に対して従属的な位置に置くことを望んでいるこれらの特殊な科学 —— は、すでに強力であり、発達しており、100年を有している科学なのだ、と。

実際の事態を、あいも変わらず原理的な問題の中でそれを分析せずに引用することは、根拠が薄弱だし、反論の手段としてこの引用を利用することを思いついた人たちの方が、実際には論破されているのである。この致命的な論拠に対して、すべての不幸は次の点にあると答えることができるだろう。すなわち、児童期の解剖学、児童期の生理学、児童期の心理学はまだ独立した、自らを自覚した、仕上がった科学分野として存在していないという点、そして、それらが存在していないのは、まさに、その存在にとって不可欠な児童学としての方法論的な前提が、歴史的にまだ成熟していないからだという点である。

児童期の解剖学、児童期の生理学、児童期の心理学は、一般的な解剖学、生理学、心理学の児童期への適用として、純粋に経験的な分野としてのみ存在している。これら純粋に経験的な分野は、特に児童期の解剖学と児童期の生理学に関してそうなのだが、対応する一般的分野の強力な発達にもかかわらず、基本的な問題でさえ、児童期にふさわしく形成することができなかったのである。

独立した科学分野としての児童期の解剖学は存在しないということ、解剖学はこの独自の特殊な分野の基本的な問題群さえ検討しなかったということ、ビューラー（Büler）[訳注4]の正しい見解によれば、解剖学で研究されるのは一群の胎児だけだということ、つまり、胎内の子どもの発達の解剖学とか胎生学は存在するが、胎外の子どもの発達の解剖学は存

在しないということ —— これらのことは事実なのである。

　同様な事態は児童期の生理学にも見られる、ということも事実である。それ以外に、児童心理学への適用においても、こうした事態は、自覚されるのがいっそう難しいのだが、それでもなお争う余地のないほどの事実なのである。児童心理学は、今日、一般的心理学の付属物としてのみ、あるいは、体系的に検討された問題群すら持たない純粋に経験的な研究システムとしてのみ存在しているのである。

　このことを確認するには、基本的な現代心理学の諸潮流 —— たとえば、構造心理学［＝ゲシュタルト心理学］、行動心理学、反応学、その他 —— における子どもの領域を分析すれば十分である。この分析によって、児童心理学はその発達水準が児童期の解剖学と同じ水準にあること、つまりは、科学以前の存在水準にあることが明らかにされるだろう。

　この事態を深く考えるならば、私たちの前には、ある一点において生物学の発達と特殊な生物学的な科学の発達との類比をあらためて可能にする、一般科学と特殊科学の完全に合法則的で首尾一貫した歴史的な過程が存在している、ということが理解されるだろう。

　個々の生物学的な科学がすでに膨大な経験的資料を蓄積したときに、一般生物学が発達しはじめたという意味で事態は類似しているのである。こうして、植物学や動物学のような特殊な生物学的な科学は、疑いなく生物学よりもはるか昔に存在し、古いのである。一般科学としての生物学は、まさに、特殊な生物学的な科学の成果に立脚することにより発達できたのである。だが、そうとはいえ、これらの特殊な生物学的な科学 —— 植物学、動物学、その他 —— は、それらの資料を供給されて生物学が発生し、形成されたときにのみ言葉の真の意味で科学となったのである。

　同じことは、歴史的発達の過程で児童学に関しても不可避的に生じるに違いない。児童学は、児童期の解剖学や児童期の生理学や児童期の心理学の成果に基づいて発生している。それゆえに、児童学はこれら様々な科学の単なる寄せ集め、あるいは、よりましな場合でも総合だと多く

の人に思われている。**しかし、これらの科学それ自体は、歴史的にはこれらの科学に基づいて発生したが、方法論的にはこれらの科学の基礎を成すところの児童学に立脚するときにのみ、言葉の真の意味で科学になるのである。**

　この最後の命題はしばしば反論を呼ぶ。通常、次のような指摘がなされる。すなわち、児童心理学と児童学の関係の問題をこのように解決する場合、個々の心理学的な科学と他の隣接科学とのきわめて複雑な絡み合いが生じ、心理学の個々の派生物の中では心理学と一連の他の科学との^{訳注5}幾重にもわたる交差が生じている、と。［その上で、］通常、次のように問われる。動物心理学はおそらく生物学的な科学であるとしても、いったいどのようにして児童心理学を児童学的な科学として定義するのか、と。民族心理学と社会心理学は社会学的な科学である、等々と。

　このような事態の下では、心理学それ自身が、一連の個々の分野の派生物へと容易に変化した一連の隣接科学の中に溶解してしまい、科学としての心理学の統一性が消失してしまうということが懸念されるわけである。科学の発達が示しているように、このような危険性は実際に存在するので、その点は考慮しなければならない。しかし、危険性の根本は方法論的な事態にではなく、むしろ、これら方法論的な出発点の誤った理解にある。

　ここでは、三つの局面について考慮しなければならない。これらの局面を解明しないと、混乱は実際に避けられない。

6　科学としての心理学の統一性の問題： 　三つの局面

●第一の局面：心理学と隣接科学との複雑な相互関係の現実的な根拠

　第一の局面は、心理学的な現象は実際のところ、現実のきわめて多種多様な領域の中に非常に様々な形で複雑に編み込まれている、ということである。したがって、心理学と隣接科学との複雑な交差の源泉は、現

実そのものの中にある。このことはしっかりと理解しなければならない。この局面は何らかの方法論的な図式とか、何らかの科学的な分類とかの結果ではない。この局面は、物質の本性によって決定づけられているのである。

　心理学が研究しているものは、ずっと以前に有機的な［＝生物の］生活現象の一定部分として進化の過程で発生した。そして、このような自らの起源にあっては、心理学的な現象は、進化理論の見地からや有機的進化の一般的過程との関連以外には、また、この複雑で統一的な過程の固有な、内的に不可欠な部分として以外には、研究されえないのである。それゆえに、動物心理学や進化心理学は、他の生物学的な科学と同様に、生物学に基づく以外には構築されえないのである。

　しかし、それと同時に、人間の心理学は、人間の社会生活のあらゆる側面や形式との一連のきわめて複雑な結合によって編み込まれている。それゆえに、私たちは、社会的人間の活動がおこなわれるあらゆる場所において、最初から心理学的な現象に遭遇する、ということは言うまでもない。こうして、人類の歴史的発達の過程でどのように人間の心理学が発達したのか、という研究に捧げられた歴史心理学の問題が発生する。そして、この心理学的な科学は、歴史の方法論、つまりは史的唯物論に基づく以外には構築されえない、ということはまったく明らかである。

　心理学的な現象は、さらに個体発生の過程、つまりは子どもの発達過程の中に見出される。そこでは、心理学的な発達の生物学的および社会学的な要素が複雑な力動的総合の中で与えられていて、心理学的な現象は、最初から、独立した何かを形成しておらず、より一般的、より統一的な子どもの発達過程の不可欠な一部なのである。したがって、児童心理学は、この発達の一般的法則を考慮して構築されなければならない。つまりは、児童学的な科学のひとつにならねばならないのである。

　心理学と隣接科学との相互関係のこうした複雑さの根本は、現実そのものの中にある。したがって、児童心理学について私たちが上で述べたことは、決して児童心理学と児童学の固有な特性ではない。本質的に同

様な方法論的な関係は、動物心理学と生物学との間、歴史心理学と歴史学との間にも存在している。

　以上が第一の局面である。

●第二の局面：心理学的現象の弁証法的な一般化

　こうした事態はいったい何によってもたらされるのだろうか、その場合に、科学としての心理学の統一性はどのように可能なのだろうか、といった疑問が生じる。おそらく、どの科学 —— 生物学、歴史学、児童学 —— にもそれ自身の独自の心理学があるはずなのに、上で素描された事態の徹底的な論理的分析にもかかわらず、統一的な科学としての心理学は、実際に見出せないのかもしれない。現実には、そんなことはない。

　私たちが一貫して述べている事態の起源は、ひとつの非常に重要な事実にある。それは、心理学が研究している現象の非自立性である。つまり、スピノザ（Spinoza, B. de）の言葉で述べるならば、これらの現象に属しているのは本質的存在ではなく、属性的存在であるということだ。これらの現象は現実的であり、生きた客観的現実の一部ではある。しかし、これらの現象は、本質としてではなく、属性として現実的なのである。それゆえに、これらの現象は、現実のきわめて様々な領域とその変化の中に含まれうるし、実際に含まれているのである。

　こうして、心理学の統一性の問題は、二様の路線によって解決される。心理学的な現象と研究される現実の他の領域とのこのような複雑な絡み合いを承認するのか、それとも、これらの現象と私たちが上で素描した現実の領域とのあらゆる具体的な結合を捨象することにより、強固な抽象の路線に立って心理学的な現象を研究するようになるのか、である。後者は、心理学的な現象それ自体を、生物学的な進化や歴史的発達や個体発生とは無関係に研究する抽象的心理学の路線である。これは心理学によって試みられた路線であり、実際のところ、心理学を形而上学的な構築 —— 最も低次な形式から最も高次な形式にいたるまで心理現象は

不変であり、初めから存在し、すべての物質的現実から完全に切り離されているとする学説 —— へと導いた路線である。明白なことは、この路線は自らの不毛性を歴史的に証明した路線であり、統一的な心理学を構築する路線ではないということだ。

　もうひとつの路線は、心理学的な現象と現実の他の領域との絡み合いの複雑さ全体を承認し、これらの現象を、その具体的な複雑さ全体の中で、具体的な結合全体の中で、これらの現象がその一部を構成している過程の統一性全体の中で捉えるのだが、それと同時に、いくつかの一般的法則性 —— これらは、形式論理学的な一般化ではなく、あらゆる弁証法的な一般化として、それ自身の中に一般的なものだけでなく、一般的なもの、特殊的なもの、個別的なものを複雑に総合して包含しているはずだ —— によって、心理学的な現象の変化の基本的形式のすべてを把握しようとする、というものである。

　一般的心理学のこのような一般化は、より深く、より正しく、より完全に現実を反映するだろう。なぜならば、このような一般化のための根拠は次の点にあるからだ。すなわち、心理学的な現象は、それが現実の個々の領域といかに複雑に絡み合っていても[訳注6]、それでもなお、それ自身の本性によって心理学的な現象であり続けるし、その本性は影を潜めないばかりか、もっぱら、私たちがその他のすべての現実と心理学的な現象との実際の結びつきの多様性をすべて見て取り、考慮に入れるときに、ことのほか豊かに、ことのほか完全に、明らかになるという点である。

　当該の科学が研究している現象とその他のすべての現実との結合がより深く、多様で、独特であればあるほど研究者の課題はいっそう複雑になるが、現象そのものもより豊かに解明されるのである。

　こうして、［二様の路線の］前者でも後者でも、統一的な心理学は一般的心理学であるということになる。しかし、もっぱら前者の場合には、抽象的な意味で、形式論理学的な図式で、貧弱な抽象化の意味で一般的心理学について語られるのであり、後者の場合には、一般的な統一的心

理学の基礎にある弁証法的一般化について語られるのである。こうして、私たちは次のように述べる根拠を手にする。すなわち、児童心理学も含めて心理学のすべての個々の部門は、何よりもまず主として心理学的な科学であり、次の順番としてのみ、児童学的な科学、生物学的な科学、その他なのである、と。

●第三の局面：心理学の誤った伝統的な科学分類

そして最後に、混乱を避けるために考慮しなければならない第三の局面は、心理学を生物学と社会学の間の狭隘な場所に押し込めることに努めている伝統的な、昔からおこなわれている科学分類は、心理学と他の科学との相互関係を著しく単純に理解する間違った分類だということである。明らかに、新しい心理学は、このような科学分類に代わって、新しい図式を作り上げなければならないのである。

こうして、私たちの関心事であった児童心理学と児童学の関係というひとつ目の問題は解明された、と考えることができる^{訳注7}。今や二つ目の問題、すなわち、児童学はどの程度心理学に立脚しているのかという問題が私たちの興味を惹く。

7 児童学はどの程度心理学に立脚しているのか

●児童学と心理学は同一の経験的対象を別の客観的結合の中で 研究する

子どもの人格および行動の発達を研究する際に、児童学的な研究の中で心理学的方法を適用することは、もっぱらそのことが児童学的な研究の特別な課題によって必要とされる度合い応じて、必然的かつ法則的に生じる。たとえば、年齢的な徴候-複合の統一的な特徴づけのためにとか、発達あるいはその諸側面の相互関係の一般的問題の解決のためにとか、実践的ないしは応用的な児童学の問題の入念な仕上げのために、などである。

　これらの［＝児童学的な研究の特別な課題の］範囲外では、それとして意義を持つ目的を追求している心理学的な研究は、自らを児童学的な研究に取り替える必要はない。また、だからといって、これらの課題の正当な範囲内での児童学における心理学的方法の適用が、児童学を児童心理学に変えるわけではない。それは、物理学での数学的方法の適用が、物理学を代数学に変えないのと同じである。物理学が数学的な課題ではなく、自らの物理学的な課題を解決するために代数学を適用するのとまったく同様に、児童学は、児童学的な研究の自らの課題を解決するために心理学的方法を適用するのである。

　行動発達の研究は、不可欠な有機的構成部分として児童学的な研究システムに加わっているが、行動発達という点に関しては、児童学的な研究は、他の点で児童学が生理学や解剖学に立脚しているように、一般的心理学に立脚しているのである。行動は子どもの年齢的発達の過程でどのように変化するのかを研究する前に、行動とは一般的に何なのかを知る必要がある。7歳児の記憶の年齢的特性は、7歳児の一般的な年齢的な徴候-複合の中でどのような位置を占めているのかを決定する前に、記憶とは一般的に何なのか、記憶の構造と経過の基本的法則とはどのようなものなのかを知る必要がある。それゆえに、児童学は、この具体的な研究においては、記憶に関する一般的な学説に、概して言えば、一般的心理学に立脚しなければならないということは明らかである。

　同様な自然的必然性をもって児童学は、心理学的な現象と関係を持つ限りは、それらを心理学的方法によって研究せざるをえないのである。なぜならば、これらの現象を何らかの別の方法によって、つまりは、当該の現象の本性に一致しない方法によって研究することは不可能だからだ。児童学は、子どもの年齢的進化の必要不可欠な局面としての記憶や注意、思考や情動と関係を持つ限りは、それらを心理学的な方法によってのみ研究することができるのである。しかし、繰り返し述べるならば、児童学はこれらの方法を心理学的な課題の解決のためではなく、自分自身の課題の解決のために適用しなければならないのである。

だが、それでもやはり、児童学は、年齢的な見地からの行動発達のこの研究を自分自身の固有な観点から、つまりは、子どもの発達全体が示す全体像や総合を研究する観点からおこなうのである。その結果、同一の経験的な対象（当該の年齢の子どもの行動）の研究が、双方の科学［＝児童学と心理学］に、二つの異なる方法論的構想の中にある科学的知識の一般化、法則、体系 ── これらは、それぞれに児童学と心理学の根本的、方法論的な基本方針に一致している ── をもたらすのである。

　ここで、児童学がそれに立脚して行動を研究する固有の観点について、上述の表現には補足説明が必要である。上で述べられたことすべてに続いて、次の点を付け加えることが必要であろう。すなわち、［児童学の］研究者にとって必須のこの固有な観点は、客観的には、単に［心理学とは］別の結合、別の関係、別の媒介の反映であり、児童学的な研究はこれらを直接の対象としているという点である。

　児童学と心理学は、同一の経験的な研究対象上ですら対立することによって、この経験的な対象を別の客観的な結合の中で研究するのだ、と言うことができる。それゆえに、それぞれの科学に固有な、独自の観点が生じるわけである。

　今述べられたことを、二つの具体的な例によって確認できるだろう。何らかのある一点においては正しいけれど、実は大多数の点では誤っているきわめて根拠の乏しい類比はどれも危険だ、ということを最初に断っておくならば、それでもなお［＝危険とはいえ］、このような具体的な類比に訴えることは可能であるだろう。

●ひとつ目の具体例：自然全体に関する科学と児童学との類比

　動物学と動物地理学の関係を比較したあとには、これら二つの科学は、自らの研究において、きわめてしばしば同一の経験的な対象に取り組んでいる、ということが容易に理解されるだろう。だが、それぞれの科学は、同一の経験的な対象を、それぞれの科学の直接の対象であるその独特な結合の中で、別々に取り上げているのである。地理学は、それが研

究している諸側面のうちの地表を研究するときに、必ずや地表の動物相も研究する。動物界を研究するときに、地理学は、それを動物学によって作り上げられた方法以外の方法で研究することはできないし、別の方法によって動物を分類することはできない、などといったことは当然である。だが、それと同時に地理学は、この動物界を、動物界のまったく別の結合の中で研究するのである。

イヴァノーフスキー（Ивановский В. Н.）は著書『科学と哲学への方法論的概説』の中で、きわめて正当に特別の科学群を選び出している、と私たちには思われる。彼は、この特別の科学群に世界を全体として研究する宇宙に関する科学、つまりは、天文学、宇宙構造論、宇宙誌を含めて、これを自然全体に関する科学と言い表している。［さらに、次のように述べている。］

「惑星地球に関する科学や、惑星地球を数学、物理学、化学さらには生物学といった科学の観点から研究する地質学は、もうひとつのこうした科学である。地質学が過去の時代の植物や動物、地層の中に残存していわばそれ自体が土になり惑星地球の成分となった遺物を研究する限りは、また、この科学の部門のひとつが大地の歴史を研究する限りは、歴史的局面もまた間違いなく地質学に入っているのである。」

これらの科学がその範囲内で区別される共通の基礎がどれほど正しいのか、という疑問を今は脇に置いておこう。しかし、私たちには、イヴァノーフスキーが以下のように述べるとき、彼は正しいように思われる。

「私は天文学や地質学を、全体としてのそれらに適用されるあらゆる観点からして、宇宙に関する科学や大地に関する科学として理解するのがよいと思う。その場合には、天体力学、星学[訳注8]、物理学、天体化学、宇宙史などといった分野は、全体的対象に関するこの統一的で一般的な科学の一部門になるだろう。

人類にとって興味深い三つ目の全体的対象 ―― それは、地上を取り巻く大気との相互作用の中の地表、および、人類の生活がその中で経過

する現象が物理学的、化学的および生物学的な諸要素に依存している以上は物理学的なもの、化学的なもの、生物学的なもの、部分的には心理学的なものと社会学的なもののすべてである。これらのすべてが広大な具体的科学 —— 地理学 —— の内容を構成している。

地理学はきわめて多種多様な資料を利用し、きわめて様々な科学的観点を、それら［＝様々な科学的観点］の相互作用の中で、また、対象や現象の一定の具体的な集合の研究にそれら［＝様々な科学的観点］を総合的に適用する中で共存させている、ということは言うまでもない。地理学は空間分布、環境全般への依存、地表で作用している様々な要素の相互作用、これらの要素の配分と協力関係を研究している、と言ってよい。植物学が自然のデータの典型的組み合わせと結びついた植物群（沼地や乾燥した荒地やその他の植物相）を研究するのと同様に、地理学もまた、地上生活の多種多様な要素の様々な集合を研究するのである。」

それゆえに、地理学と動物学は、同一の経験的な対象 —— たとえば、アフリカの動物界 —— を研究するときに、この経験的な対象とその他のすべての現実とを結びつけている本質的に異なった客観的結合を研究する、ということはまったく明白である。

児童学と心理学が同一の経験的な現象の中で交差するときに、両者によって研究される経験的な対象の結合の境界設定も、**実際のところ、ただひとつの点では**同様なものである。この点では、上で引用された自然全体に関する科学との類比は、児童学の方法論にとって大いに教訓となりうると思われるし、また、児童学が地理学や天文学のような科学群に属していることをまったく仮定しなくても、それでもなお、これらの科学に含まれている方法論的問題の注意深い研究は、類比のおかげで、児童学の多くの論争的側面の研究にとって有益なことが理解されよう。

●二つ目の具体例：7歳児の記憶の研究

私たちの考えを明確にできるであろう二つ目の例は、類比ではなく、具体的な研究の中に見出される。児童学と心理学の両者共に同一の経験

的な対象 ―― たとえば、7歳児の記銘過程 ―― を研究していることを
想像してみなさい。はっきりしていることは、記銘過程は、その過程を
研究するために作成された方法、つまりは心理学的な方法によってのみ
研究されうるということだ。こうして、この場合に、心理学者も児童学
者も同一の方法を用いることになる。しかし、そうだからといって、は
たして両者の研究は一致しているのかどうかが問われるのである。

　7歳児の記憶を研究している心理学者は、子どもの発達と人間形成の
統一的過程における一定の段階としての7歳の年齢期ではなく、何より
も記憶と記憶活動の法則に関心がある。記憶をその具体的現れの多様性
全体の中で研究することにより、心理学者は、7歳児の記憶の中に、記
憶の一般的法則を解明して記憶の構造と活動に関する彼の理解を豊かに
し、これらの記銘過程とその他の過程との比較を可能にする一連の局面
を見出すのである。研究全体の結果として、そこから心理学者が引き出
す結論は、7歳の年齢期の本性に関する結論ではなく、記憶の本性に関
する結論であり、心理学者がこのような一連の研究に基づいて打ち立て
る一般化、彼がこの一般化を根拠に導き出す法則、これらの法則に基づ
いて構築される理論 ―― このすべては、記憶の本性に関する私たちの
理解を豊かにする一般化、法則、理論となるのであり、それゆえに、こ
れは心理学の法則になるわけである。

　児童学者はそうではない。7歳児の記憶を研究するとき、本質的に、
児童学者は記憶とその本性ではなく、子どもの年齢的な進化の法則に関
心がある。記憶は徴候のひとつ、子どもの年齢的な進化の基礎にある一
般的メカニズムに関与している現実的局面のひとつなのである。7歳児
の記憶を研究するとき、児童学者は、記憶をその他の記憶現象ではなく、
7歳の年齢期の他の現象と比較することになる。児童学者が引き出す結
論、彼が構築する一般化、彼が定式化する法則、これらの法則に基づい
て生ずる理論 ―― このすべては、子どもの記憶ではなく、7歳の年齢
期それ自体を理解する法則や理論となるのである。

　それゆえに、もし同一の研究対象上での心理学と児童学の経験的な対

立ではなく、両者の研究の動態を捉えるならば、両者の研究はそれぞれが独自の道をゆくことが理解される、ということは明白ではなかろうか。

上で述べられたことすべてに続いて、[心理学と児童学の]境界設定に際して、これら二つの関連した研究の間には絶対的な形而上学的境界は存在しない、ということを繰り返す必要はおそらくあるまい。また、新しい心理学は、すでに上で述べられたように、個々の科学的分野の諸領域の境界を定めて区分する局面だけでなく、これらの科学的分野の協力、絡み合い ── この絡み合いは、これらの科学のそれぞれが研究している現象の間で実際に生じる現実の客観的な絡み合いによって、決定されている ── の局面にも注意を向ける必要がある。

この場合の事態は、物理学者がテーマに即した方法を用いる場合とまったく同じである。言うなれば、代数学も物理学も同一の方程式を解くが、代数学は方程式の解決理論そのものを研究し、これらの方程式のあらゆる形式の基礎にある法則を探究する。一方、物理学は、他方の科学[＝代数学]によって発見されたこれらの法則を、自分自身の物理学的課題の解決のための手段として応用するのである。

8　児童学と心理学との相互関係の問題の検討の総括

私たちに残されているのは、若干長引いた児童学と心理学との相互関係の問題の検討に対して、総括をすることだけである。この総括を、私たちが素描したこの問題の解決の路線からの二つの根本的な逸脱 ──これらの逸脱は、わが国の児童学の中にきわめてはっきりと具現されていた ── を指摘することから始めるのが、何よりも正しいと思われる。

●心理学の「帝国主義」と児童学の「帝国主義」

一方で、私たちは、児童学における心理主義に反対する戦いを念頭に置いている。それは、児童学が心理学的な問題で満たされていることか

ら、また、子どもの心理学的な発達の問題が前面に押し出されているこ
とから、児童学のきわめて重大な危機が迫っているという見解のことで
ある。他方で、私たちは、やはり十分にはっきりと具現された、外見上
は対立して見えるが本質的には同じ見解を念頭に置いている。それは、
心理学的な概念、方法、用語を、子どもの行動とその発達を把握する独
自の児童学的な概念体系に置き換えることにより、心理学的な概念、方
法、用語などまったくなくても児童学はやっていけるという見解のこと
である。

　第一の見地［＝見解］はブローンスキーの著作の中で、第二の見地は
モロジャーヴィ（Моложавый С. С.）の著作の中できわめてはっきりと提
示されている。しかし、これらは両者共に正しくないと思われる。

　第一の見地を検討してみよう。

　児童学における心理主義の危険性ということで、児童学およびその固
有な課題と研究対象を心理学と混同すること、そしてこのゆえに、児童
学を児童心理学によって取り替えることを意味しているならば、このよ
うな危険性は第一に現実的であり、第二に十分な根拠をもって危険と呼
ぶことができるだろう。コルニーロフ（Корнилов К. Н.）教授が「児童学
は、周囲の環境に対する子どもの身体反応の総和に関する科学である」
と述べて児童学に与えているその定義を、もし私たちが受け入れてこの
見地に立つならば、児童学を児童心理学によって取り替えるこのような
心理学の「帝国主義」は、もっぱら児童学における心理主義の危険性と
呼んでもよいことがわかるだろう。

　しかし、すでに上で指摘したように、心理学の帝国主義はその極端な
結論においてはもうひとつの見解、児童学の「帝国主義」──児童心
理学をまったく否定して、児童学は、子どもを研究するあらゆる特殊な
科学と同時に心理学をも完全に吸収する、と考えがちの見解──に完
全に一致しているのである。すでに見たように、このことは、別の端か
ら同じ結論をもたらしているわけだ。児童学は児童心理学と同一視され
ていて、この混同された科学をどのような名前で呼ぶかは、もっぱら論

争の的となっているのである。

　しかし、問題は名前にではなく、問題の本質にあるということはすべての人にとって明らかなので、それがいかに第一の見解には不可解であろうとも、心理主義の危険性は、一方では児童学を否定する心理学者に、他方では児童心理学を否定する児童学者に起因しているのである。こうした両極端は一致しているのである。

●心理主義の危険性という誤りの本質

　もし児童学における心理主義ということで、別の何か —— 子どもの心理学的な発達の局面をこそ前面に押し出すこと、年齢的な徴候・複合の中に階層を定め、子どもの意識的な行動と人格の発達に対して子どもの発達の主導的な役割を認めること —— が意味されているならば（児童学における心理主義について語られるとき、通常は、まさにこのことが念頭に置かれている）、心理主義の危険性について語られるときに、そこでは、まったく誤った対処がなされているように思われる。なぜならば、私たちには、このような見地は完全に正しいと思われるからである。

　というのも、重要なことは、子どもの現実の発達過程を形成している事実の連鎖 —— これを、私たちは年齢的な徴候・複合と呼んでいるわけだが —— の中に、決定的で、本質的で、主導的で、支配的な環を発見することにあるからだ。児童学は純粋に記述的な観点に満足できないし、また、すべての徴候・複合を一堂に並べることはできないからだ。児童学はこの複合の内的構造に、その構築と変化の法則に関心を持たねばならない。そして当然、児童学の前には、この構造における本質的なもの、決定的なもの、主要なものに関する問題が生起するのである。

　この構造は年齢によって変化するということ、この構造は動的であるということは自ずと明らかである。しかし、そうは言っても、子どもの年齢的な進化の中にも、あたかも子どもの発達の中心的路線を形成しているかのような一連の局面を指摘できるのである。この問題に関して、わが国の児童学の中には、何が基本的であるかの統一的な見解は存在し

ない。一群の人たちは答える ―― ［基本的なのは、］子どものあらゆる発達全体の基礎にある成長、子どもの身体の大きさの物質的な増加だ、と。これは、年齢的な徴候-複合の構造全体の中で成長の事実を最重要視する、原理的にまったく首尾一貫した試みである。

　ブローンスキーは述べている。「子どもの年齢期は、何によって人間生活の他の年齢期と区別されるのだろうか ―― それは成熟と老化である。子どもとは ―― だんだんと大きくなっていく小さな存在だ。このことによって、子どもは、もはや成長しない成熟した人間と区別され、土になっていく［＝死へ向かっていく］老人と区別される。子どもの大きさは年ごとに増大し、ほかは同じ条件の大人では、大きさは常に同一の水準を保っている。老人の大きさは年ごとにますます小さくなってゆく。

　身体における物質の量的増加は、この身体の中に、身体の体質の中に、身体の行動の中に一連の変化を引き起こし、その上、物質のあれこれの増加は、体質や行動におけるあれこれの変化と明確に結びついているということがわかる。これらの変化の総和を、私は年齢的な徴候-複合と呼んでいるのである」、と。こうして、このような体系においては、児童学は、明確かつはっきりと、［身体という］一次的なものを主要なものと見なしているわけである。

　子どもの身体における物質の量的増加は、子どもの発達過程全体の中で基本的で、本質的で、主導的なものだと宣言されているのだ。この観点からは、子どもの人格の、子どもの意識的な行動の形成過程は、本質的な役割を果たしていない複雑な派生数量（сложно-производная величина）だというわけである^{訳注9}。

　こうして、問題は、方法論的にきわめて明確に提起されるのである。児童学における心理主義の危険性という問題は、子どもの年齢的な変化の一般的システムの中での子どもの人格形成の比重の問題、つまりは、子どもの人格形成の役割と意義に関する問題なのである。それで、この場合にブローンスキーが犯している誤りは、**彼が一次的なものを主要なものと考えている**という点にあると思われる。このことは、発達の弁証

法的性格と発達研究の弁証法的論理学を考慮するならば、決して正しくないことがわかる。

　成長とは、本質的に植物界を特徴づける発達形式である。そして、ゲゼル（Gesell, A. L.）の表現による現代の児童学に浸透している植物学的な類比 —— このような類比は、人間の子どもの発達にとって支配的で、本質的で、固有な局面は、身体における物質の量的増加としての成長ではなく、人間の形成過程、社会的な本質の発達過程である、という事情を考慮していない —— は、その後の発達過程において実際に何度も止揚されたカテゴリーを、前面に押し出しているのである。

　その上、成長の過程それ自体が、発達の歴史の中で止揚されたあらゆるカテゴリーと同様に、より高次な領域の法則性を介して再三にわたり変化し、新しい意味内容を獲得していることが確認される。発達の歴史においては、これらのより高次な領域の法則性は、子どもの発達過程の中に止揚された形で保存されていた副次的な運動形式の上に層を成しているのである。こうして、児童学における心理主義としばしば称されているが実際にはこの名に相応していないもの^{訳注10}が、方法論的な観点からは、子どもの発達過程における主要な運動形式と副次的な運動形式に関する問題の本質的に正しい解決法なのである。

　すでに述べられたように、私たちの提案する解決法からのもうひとつの逸脱は、社会的および心理学的な局面としての子どもの意識的な人格の形成を、まさに、前面に押し出している試みの中に見出される。しかし、モロジャーヴィの著作の中で何よりも一貫して提案されているこの試みは、実際には、前面に押し出されている子どもの心理学的な発達が心理学なしに、分化とか定位などといった反射学的な概念または生理学的な概念によって、あるいはまた、この場合のために創作された、そして最もましな場合でも記述的な価値を持つだけの心理学的な概念の代用品によって、研究されているという結果になっている。

●児童学の対象である総合の問題：児童学的な統一性と
　児童学的な発達の構想

　こうして、児童学における心理学的な局面の意義を背後に押しやる試みも、また、心理学的な局面を、それを心理学的な局面と認めることなく前面に押し出す試みも、同じように、この問題［＝児童学と心理学の関係の問題］の正しい解決から私たちを遠ざけているのである。上で述べられたことのすべてから、問題は児童学の研究対象である総合の問題に突き当たる、ということはもはや明らかである。実際のところ、総合の研究は児童学の特権ではない。厳密に言うならば、すべての科学的研究の対象は、それが発達の産物である以上はすでに総合の産物なのである。

　そして、それゆえに、私たちが児童学の基礎に置いている原理、統一性と発達の原理は、本質的に、現代心理学 ── 周知のように、現代心理学も同様に統一性と発達の思想の上に構築されている ── の原理でもあるということは、多くの人を混乱させている。しかしながら、問題の核心は、すべての科学の論理にとって共通の［＝普遍的な］これらの概念 ── 統一性、発達、総合 ── を、当該のそれぞれの科学の対象に応じて具体化するということにある。

　重要なのは、統一性**全般**や発達**全般**ではなく、**子どもの発達のすべての側面を総合して把握する児童学的な統一性と児童学的な発達の構想なのである。**

　それゆえに、子どもを研究するために計画されている相互関係そのものを、大人を研究する科学にも移入することを要求した大人の児童学という思想 ── この思想は、わが国でしばしば提案されていた ── は、間違った思想だということは明らかである。なぜならば、この仮説の基礎には次のような思想があるからだ。すなわち、子どもは小さな大人であるという思想、子どもの発達過程は質的に独自なものではないという思想、したがって、児童期における形態学的、生理学的、心理学的な特徴の運動を性格づけている相互関係、新しい合流、新しい総合、新しい結合形式は、大人にとってもその効力を保持しているという思想である。

このような思想は、もし総合そのものを、その客観的な意味ではなく主観的な意味で理解するならば、その場合にのみ妥当することがわかる。ザールキント（Залкинд А. Б.）が最近の講演の中でおこなったように、もし児童学を第四の科学の観点からの三つの異なる科学の総合として、すなわち、教育学による利用のための解剖学と生理学と心理学の総合として定義するならば、私たちは、不可避的に大人の児童学という思想に帰着することになるだろう。

　児童学により研究される客観的現象の局面を犠牲にして、実践とこの総合の実践的利用の局面を強調することによって、独特な児童学的プラグマティズムがもたらされ、以下の点が忘れ去られてしまうのである。すなわち、新しい方法論の下では実践は真理の基準として登場し、まったく別の役割を果たすという点である。この点が忘れ去られてしまう結果、［客観的な］児童学的な事実は存在せず、無関係な事実に対しておこなわれる独特な思考上の作業が存在する、ということになるわけだ。

　科学の隣接分野における教育学の特使としての児童学研究者という理解 ── このような理解は、上述の問題設定からの帰結なのだが ── は、問題全体をその哲学的水準において解決するのではなく、原理的な問題を組織上で解決しようとしているのである。

　ここでは、基本的な問題 ── **総合とは何か** ── は解決されずに残されたままである。総合は思考の中でおこなわれるのか、それとも総合は現実の中に存在しているのか。総合は資料の加工なのか、それとも研究の対象なのか。結局のところ、この総合はどこにあるのか。研究者の頭の中なのか、それとも子どもの発達の中なのか。すでに述べたように、この基本的な問題に対する答えなしには、私たちは、児童学と隣接科学全体との相互関係のあらゆる問題に正しくアプローチすることはできないのである。

　今ここで私たちによって提案された問題の解決策は、もちろん、きわめて概括的で、大雑把で、脆弱であり、実際には、私たちの関心事である問題の、たかだか初歩的な設定を可能にする基本的な局面を究明する

最初の試みにすぎない。

　心理学と児童学との所与の［＝あらかじめ決まった］関係はあとにも先にも存在しておらず、両方の科学の発達史の中にこれらの相互関係を追究する必要があっただろうし、それぞれの科学の現状を分析する必要があったであろう、ということは言うまでもない。そのすべては、今後の研究課題なのである。

　私たちの関心事である、児童学と隣接科学との相互関係の方法論的な問題は、まさに一連の歴史的、批判的、方法論的な研究の結果として解決されるに違いない、ということを忘れてはならない。すでに、今や私たちは、人間を研究している一連の特殊な［＝個別的な］科学は、自らの資料とその資料の内的な論理に基づいて、幼年期の発達において見出される法則性の起源を探究することにいよいよ導かれている、ということを理解している。児童心理学を含めてこれらの科学の内的な発達は、［これらの科学が］自らの専門の範囲を超えるように駆り立てている。

　そして、私たちが形式論理学からの遺産として手にした直線への愛、科学の境界区分における硬直さは、これらの科学のそれぞれによって研究されている現象の実際の複雑さや、実際の絡み合いの前では無力であることがわかる。

　しかし、言うまでもなく、私たちは、この論文の中では、私たちの関心事である総合の問題に近づくことができただけで、私たちの興味を惹く著書の最初のページすら開くことができなかった。二つの児童学大会——1911年にブリュッセルでおこなわれた第1回世界児童学大会と、1928年にモスクワでおこなわれた第1回全ソビエト連邦児童学大会——を比較検討する課題を設定したヴォリフソン（Розеноер-Вольфсон P. A.）が特別論文の中で正しく指摘しているように、結合と相互関係の問題は、すでに児童学の発達のそもそもの最初から児童学の前に現れていたのである。

　ヴォリフソンは次のように述べている。「大会は、個々の方法間の相互関係に最大の注意を払い、能力の特有なタイプと理論を構築し、記憶

と才能の間の相互関係を探究し、子どもの感覚的鋭敏さと知的発達の間の相関関係を究明していた」、と。より率直に述べれば、前者の大会は、子どもの発達における個々の側面の相互関係と結合の問題を、相関関係や相互関係の問題として形式論理学的に、類比的に、機械的に提起したのである。

　私たちは今、わが国の科学の発達における新しい段階 ── この段階は、同じ問題へのまさに逆方向のアプローチとして特徴づけられる ── を経験している。私たちは、総合から、子どもの統一的な発達からアプローチしている。そして、もし総合が空虚な言葉ではなく、子どもの発達の本性の中に実在する事実を示しているならば、児童学はこの事実の特徴の中に、自分自身の確固たる、客観的な、安定した基礎を得るのである。

【訳注】

訳注1　ここで言われている「みごとな定式」とは、先述の、ブローンスキーが一連の児童学の教程に下した宣告 ──「目下のところ児童学の教程は、しばしばきわめて多種多様な知識分野のロシア風サラダ［＝ごた混ぜ］であって、単に、様々な科学の知識の組み合わせ、子どもに関係するものすべての組み合わせにすぎない。だが、はたして、このようなロシア風サラダは特別の独立した科学であろうか。もちろん、そうではない。」── のことを指していると思われる。つまり、ここでは、ブローンスキーの第一の定義や第二の定義に対しても、それが経験的に理解されている限りは、このみごとに的を射た宣告が当てはまっている、ということが示唆されているわけである。

訳注2　ここでヴィゴーツキーにより、「まったく正しいと認めざるをえない」と評されている「この最後の命題」とは、すぐ上の「児童学はそれ自身として、決して、子どもを研究している他のすべての科学を吸収しようと努めるべきではない」という命題のことだと思われる。児童学の内容を狭めるブローンスキーのこのような命題を、なぜヴィゴーツキーは正しいと認めるのだろうか。それは、方法論的には、ヴィゴーツキーが、児童学の研究対象は多種多様な科

学的知識の総合 —— これは研究者の頭の中で組み立てられた観念的対象にすぎない —— にあるのではなく、客観的現実の諸過程の総合にあると考えているからである。いくら他の科学の多種多様な知識を吸収しても、研究者の頭の中でのそれらの総合は、児童学に固有な研究対象ではないわけだから、「児童学はそれ自身として……他のすべての科学を吸収しようと努めるべきではない」という命題は、方法論的な意味で正しいわけである。

訳注3　ヴィゴーツキーによれば、ここでのブローンスキーの発達の思想は、児童学の固有な研究対象としての客観的現実における子どもの発達についてではなく、子どもに関する様々なデータを総合する原理的な基礎として語られているのである。したがって、ブローンスキーは、発達という概念を意識しつつも、結局はバーソフと同様に、様々な科学の中に存在する子どもに関するデータの総合としての児童学という定義を、採用していることになる。つまり、児童学における総合の問題は、方法論の見地からは、未解決のままになっているということである。

訳注4　ここではビューラーという姓が示されているだけで、この見解の引用元も明記されていないので、このビューラーがカール・ビューラーなのかシャルロッテ・ビューラーなのかは、残念ながら訳者には特定できない。

訳注5　ここで、「一連の他の科学との」と邦訳された原文は「с рядом другим наук」となっているが、これは「с рядом других наук」の誤植だろうと判断した。なお対応する語の下線は訳者による。

訳注6　ここで、「それが現実の個々の領域といかに複雑に絡み合っていても」と邦訳された原文は、「как бы сложно они не переплетались с отдельными сферами действительности,」となっているが、「как бы сложно они ни переплетались с отдельными сферами действительности,」の誤植だろうと判断した。なお対応する語の下線は訳者による。

訳注7　ここで、「児童心理学と児童学の関係というひとつ目の問題は解明された、と考えることができる」と述べられているが、その結論とは、「児童心理学は児童学の分野のひとつとして発達しなければならない」ということである。そしてその理由は、子どもの発達の個別の側面を研究する児童心理学は、「個

別の側面が研究されている発達の過程それ自体とはいったい何なのか、という知識に立脚するときにのみ、発達の任意の側面を研究することができる」からであり、その場合に、「この知識は児童学的な研究によってのみ提供される」のであり、この児童学による知識なくしては、児童心理学は言葉の本来の意味での真の科学になることはできないからである。それゆえに、「児童心理学は、この発達の一般的法則を考慮して構築されなければならない。つまりは、児童学的な科学のひとつにならねばならないのである」。以上が、簡単ながらも、児童心理学と児童学の関係というひとつ目の問題の結論だと読み取ることができる。

訳注8　ここで「星学」と邦訳した原語は「астрономия」である。通常は「天文学」と訳されるべき語だが、このイヴァノーフスキーの引用文の冒頭に、「宇宙に関する科学」としての「天文学（астрономия）」という概念があり、次に、その天文学の一部門として天体力学、物理学、天体化学、宇宙史と並ぶ中に、この同じ「астрономия」という語が再度書かれている。つまり、再度の「астрономия」は、天文学の一部門とされる科学分野のことを指していると解される。したがって、上位の「天文学」と区別するために、あまり聞きなれない言葉だが、こちらを「星学」とした（あるいは「天体学」でもよいかもしれない）。

訳注9　派生数量とは、数量システムに含まれ、このシステムの基本数量によって決定される数量のこと。ここでは、子どもの人格や意識的行動の形成過程は、複雑だが派生的なものであり、身体における物質の量的増加という基本的で主導的な過程によって決定されている、ということを含意しているのだと思われる。

訳注10　ここで「児童学における心理主義としばしば称されているが実際にはこの名に相応していないもの」とは、児童学に心理学を正当に位置づけるが、その場合に、子どもの年齢的な変化の一般的システムの中で、身体の量的増加といった一次的なものを主要なものと見なす見解（ブローンスキーの見解）とは違って、実際には、子どもの年齢的な変化の一般的システムの中で、心理学的な発達の局面を前面に押し出しつつ、年齢的な徴候・複合の中に階層を定め、

そこに発達的な止揚による構造的、質的な変化を認め、子どもの人格と意識的な行動の発達こそが主要かつ本質的である、と見なす見解（発達の弁証法）のことを指している。ヴィゴーツキーは、このような見解は実際には心理主義ではなく、方法論的に正当なものだと考えている。

第Ⅱ論文
「児童学の対象」

本日より、私たちは児童学のコースを開始するわけです。このコース
は入門コースですが、これによって、私たちは、この学問の基本的概念
と子ども研究の方法について知ることになります。それはちょうど、病
院での入門コースが、当該の学問によって把握されている基本的概念に
ついて、また臨床的な研究方法の習得について知ることから始まるのと
同じことです。今回のコースのあとには、特殊な児童学の、すなわち年
齢的な児童学のコースが続くことになりますが、それは、子どもの発達
の基本的な時期を体系的な形で知らせてくれるはずです。

　本日の、最初の導入的な講義は、二つの問題の解明に捧げられること
になります。私たちの科学の対象と方法という問題、つまりは、児童学
は何を研究し、それをどのように研究するのかという問題です。これこ
そは、本日、このコースの最初に私たちが知るべき二つの基本的な問題
なのです。

1　児童学は子どもの発達を研究する

　何よりもまず、最初の問題 —— 児童学は何を研究するのか —— から
始めることをお許しください。児童学の対象について、その特徴につい
て知れば、当然に、私たちは二番目の問題 —— どのようにこの対象を
研究すべきか、他の科学の方法と比較して児童学の方法の独自性はどこ
にあるのか —— の解決に近づくことができます。

　ロシア語への直訳では、児童学とは「子どもについての科学」を意味
しています。しかし、しばしば起こるように、何らかの科学の名称の文
字通りの翻訳は、その科学がこの対象の何を研究するのかをまだ十分正
確に言い表してはいません。［たとえば、］子どもの病気、子ども期の病
理学を研究することができますが、これもある意味で子どもについての
科学になるでしょう。教育学において子どもの教育を研究することがで
きますが、これもある程度まで子どもについての科学になるでしょう。
子どもの心理学を研究することができますが、これもある程度は子ども

についての科学になるでしょう。そこで、何よりも最初に、子どもの中のまさに何が児童学の研究対象なのかを定める必要があります。それゆえ、もっと正確に、児童学は子どもの発達についての科学であると言うべきだったのです。**ほかでもない、子どもの発達こそは、私たちの科学の実際の、直接の対象なのです。**

しかし、それでもなお、このような定義ではきわめて不十分なままです。なぜならば、すぐに次のような疑問が生ずるからです。すなわち、児童学が子どもの発達についての科学であることはわかりましたが、では、子どもの発達とはいったい何なのでしょうか。これについての説明がなければ、児童学の対象がいったい何なのか、やはり私たちには理解できないでしょう。それゆえ、児童学の対象を定義するために、子どもの発達のいくつかの基本的な特徴と、いくつかの基本的で最も一般的な法則について言及することをお許しください。もしこれらの法則を理解するならば、私たちはそれらを総合して、子どもの発達とはいったい何なのかについて語ることができるでしょう。そして、そのときには、子どもの発達をどのように研究したらよいのかという問題にも、つまり、児童学の方法にも接近できるでしょう。

2 子どもの発達は循環的に経過する過程である

●発達のリズムと時間のリズムは一致しない

他の多くの過程とは異なり、子どもの発達を特徴づけている第一の基本法則は、子どもの発達にはきわめて複雑な時間上の構造があるということです。過程全体としては、子どもの発達は歴史的な過程です。すなわち、それは時間の中で経過し、起点を持ち、それ自身の発達の一定の暫定的な段階を持ち、終点を持っています。しかし、発達は、もしそのような言い方ができるならば、発達のリズムが時間のリズムと一致するような形で時間上に組織されてはいないし、それぞれの年代上の時間間隔ごとに、子どもが自身の発達の決まった部分を通過するといった形で

組織されているのではありません。たとえば、1年が過ぎ、子どもは発達の上でいくらか前進し、次の1年でもいくらか前進する、といったものではないのです。つまり、**発達のリズム**、子どもが発達の中で通過する段階の順序、子どもがそれぞれの段階を通過するのに必要な期間は、時間のリズムと一致しないし、**時間の年代上の勘定とは一致しないのです**。このことは、二つの例によって説明できます。

●時間の断片の価値は発達の循環の中で占める位置により変化する

　最初の例を挙げましょう。天文学上の観点、年代上の観点からは、ひと月は常に別のひと月と等しいし、1年は常に別の1年と等しいわけです。しかし、発達の観点からは、それぞれのひと月の価値、それぞれの1年の価値は、**このひと月［あるいはこの1年］が発達の循環の中でどのような位置を占めているか**によって、変化します。たとえば、人生の最初の数か月の間には、子どもはきわめて急速に、きわめて集中的に発達すること、とりわけ体重と身長の増加が急速に進むことを、たぶんあなた方は知っているでしょう。ここでは、発育と重量の観点から見て、毎月ごとの体重と身長の増加がきわめて重要な段階にあることがわかります。数か月の間に、子どもはその最初の体重を倍増させるのです。その先では、たとえば、学齢期を例にとるならば、次のようなことを見出すでしょう。学齢期では、まさにその期間中に子どもの体重の増加量は100パーセントになるのに対して、子どもは、［学齢期の最初の］数年の間は、この年齢期に入ったときの体重を倍増させるどころか、体重の増加量はきわめてわずかで、数パーセントにすぎません。

　今、ある子どもが、言われるところ、3か月あるいは6か月その発育が遅れているということを想像してください。この遅れは大きいのでしょうか、それとも小さいのでしょうか。もしこの遅れが人生の1年目であるならば、それはとても大きな遅れですが、他方、もしこの遅れが人生の13年目であるならば、その遅れは何ら深刻なものではありません。天文学上のどのひと月も別のひと月と等しいわけですが、そのこと

によって、発達上での独自の意味が見失われてしまったのです。ひと月の価値は、このひと月が発達のどの循環の中にあるのかということに、つまり、このひと月が占めている位置に依存しているのです。もし、2歳の子どもが人生の1年分その知的発達が遅れている、と言われるならば、この1年は大変に大きなものであり、この子は、実際の2歳児とは著しく異なっている子どもなのです。もし、15歳の少年について、彼は知能に関しては14歳である、つまり、同じ1年分遅れていると言われるならば、この1年は、明らかに、まったく取るに足らない遅れなのです。

　もう一度繰り返します。発達の観点からは、それぞれの時間の断片の価値は、この断片それ自体の大きさ ── たとえば、1年、5年、1か月とか ── によって決定されるわけではなく、子どもの発達の循環の中でのこの断片の位置によって決定されるのです。このことは、**子どもの生活と発達の時期が異なれば、発達のテンポと発達の内容は変化する**ということと結びついています。

●パスポート年齢と児童学的年齢は異なる

　二つ目の例が、この点について若干の説明をしてくれるでしょう。こうした例には、子どもの児童学的研究の方法体系の中で、最初に出会うことになるでしょう。同じ日の同じ時刻に生まれた子どもを連れてくる、ということを想像してみてください。つまり、これらの子どもたちは同年齢者、同い年の者たちです。今度は、これらの子どもたちを3年後に研究することを想像してください。次のような疑問がわきます。同じ日の同じ時刻に生まれた子どもたちは、皆が多かれ少なかれ類似の状況の中で暮らしていたのか、彼らは、皆が一定の発達水準にいるのか、という疑問です。パスポートによれば、彼らは、日も時刻も一致した同年齢者ですが、もし発達に関して彼らを研究するならば、そのときには、同一の日時に生まれた子どもたちは、決して、たとえば、同時にネジを巻かれ、同時に動き出した時計のように均等に歩調を合わせて進むのでは

ない、ということがわかります。もし時計であれば、他の時計と一致して、正確に進んだはずです。もし、何人かの子どもを、ましてや多数の子どもを観察するならば、ある子どもたちはその発達がいくらか先回りしていて、別の子どもたちは同年齢の者と比べていくらか遅れていて、さらに別の子どもたちは真ん中あたりにいる、ということがわかります。つまり、もし、同一の日時に生まれた同い年の子どもを連れてくれば、そのときには、パスポートによれば同じ量の年数と月数と日数を持ち、同一の天文学上の期間の中にいる彼らが、その発達に応じて、実際には、異なる発達水準にいるということが判明するのです。

　最も簡単な例を取り上げましょう。ご存知のように、子どもは言葉を獲得し、2歳頃には、多かれ少なかれかなりよく話し始めます。同じ日時に生まれた子どもを何人か連れてきて、2歳のときに何が起こるかを見てみましょう。2歳の子どもが話す言葉の特徴は、最初の文が出現することです。子どもが話すのはもはや個々の単語ではなく、子どもは初めてある種の結合文［＝二語文］を使用します。さて、そこで、同い年の者のうち、ある子どもには最初の結合文が1歳8か月で出現し、別の子どもにはそれが2歳で出現し、三番目の子どもには2歳2か月で出現したことが明らかになります。ある子どもはいくらか早く、別の子どもは定められた時期に、三番目の子どもはいくらか遅く、言葉の発達の同一水準に到達したことがわかります。子どものパスポート年齢ではなく、その**児童学的年齢を、つまり、子どもが実際に到達した発達水準**を決定する必要性が生ずるわけです。たとえば、パスポートに従って、これらの子どもはすべて2歳児だと言えるのでしょうか。もちろん、彼らのパスポート年齢は2歳です。しかし、彼らの児童学的年齢 —— 言語年齢 —— は、ある子どもでは2歳4か月、別の子どもでは2歳、三番目の子どもでは1歳10か月なのです。言語年齢とは何を意味しているのでしょうか。それは、これらの子どもが到達した実際の発達水準を意味しています。［この例では、］三番目の子どもに関しては、彼は、パスポートでは2歳の子どもでも、言葉の発達水準では、ようやく1歳10か月の子

どもだと言えるのです。彼の言語年齢は、パスポート年齢から2か月遅れています。二番目の子どもについては、そのパスポート年齢と児童学的年齢が一致していると言うことができます。一番目の子どもについては、その児童学的年齢はパスポート年齢よりも4か月進んでいると言えます。つまり、大勢の子どもの集団を連れてくれば、常に、彼らの一部はそのパスポート年齢に比べて発達が進んでおり、別の一部はそのパスポート年齢と比べて遅れているということがわかるのです。子どもの児童学的年齢 —— 子どもがそこにいる発達水準 —— を決定する技能は、児童学が利用する基本的方法のひとつでもあります。児童学は、子どもの児童学的年齢や、この年齢と子どものパスポート年齢との不一致の度合い —— つまり、前や後ろにどの程度くい違っているのか —— を利用します。

●児童学的基準としての標準値

ここに、解明すべき二つの問題が生じます。あなた方は私に尋ねることができます。第一に、子どもは2歳で最初の文を発するはずだということを、私がどうして知っているのか、何を根拠にそれがわかるのかという問題です。というのも、私は、すべての子どもが2歳で最初の文を発するはずだという前提に立っているからです。その前提から、私は、この子どもは先に進んでいる、パスポートでは1歳8か月なのに、言葉に関しては2歳を示したから、と言っているわけです。どのようにして、これを比較するのでしょうか。これに対しては答えがあり、それについてセミナーの中で詳しく知ることになるでしょう。児童学こそは、パスポート年齢と児童学的年齢の不一致の算定に際して、いわゆる基準あるいは標準値を使用しています。標準値とは、期待される発達の進行状況と実際の発達の進行状況との不一致の度合いについて、この値からの偏差によって判断するための指数として採用される定数のことです。たとえば、私たちの体温37度は標準値になるでしょう。この標準値からの一方や他方への偏差は、温度の上昇や低下の度合いを反映している^{訳注1}

わけです。

　このような**児童学的基準**はどのようにして得られるのでしょうか。**一般の子どもの統計的な研究**によって得られます。たとえば、私たちは、大集団の子ども、健康な遺伝を持ち、重い病気になったことのない、正常な、同じ環境 —— たとえば、多かれ少なかれ、同じ食事とそのほかにも子どもの発達の条件がそろっているモスクワの保育園 —— で育っている100人の子どもを研究し、これらの子どもは、平均して2歳で最初の文の特徴を示すことを確認しています。これは、大量の資料によって、平均的な一般の子どもはいつこの特徴を示すのかが明らかになる、平均的な統計値です。私は、この平均的な一般値とそれぞれの個々の子どもを比較して、次のように言っているわけです。もし平均的な一般の子どもが2歳でこの特徴を示すのに、私の［見ている］子どもが1歳8か月でこの特徴を示すならば、明らかに、この子どもは、一般の子どもが平均して発達しているよりも早く発達している、と。

　それゆえ、児童学は、発達を特徴づけ、子どものパスポート年齢と実際の年齢とを比較でき、一方や他方への不一致を明らかにできるような基準、定数に立脚しているのです。

　つまりは、二つの例の中に、発達は時間的に、そのリズムとそのテンポが天文学上や年代上の時間経過のリズムと一致するような形では経過しない、ということを見てきたわけです。身長と体重にとっての人生の最初の時期の5か月は、人生の12年目での5か月ではまったくない、ということを見てきました。パスポートでは同い年でありえても、実際の年齢では、子どもは異なる年齢で同一の水準に到達しうるのだ、ということを見てきました。つまり、どちらの例も、**発達とは**、時間の中で継起するにしても、**単純に時間的に組織された過程ではなく、複雑に組織された過程であり**、発達のリズムは時間のリズムとは一致しない、ということを納得させてくれるわけです。

●発達の循環と年齢期

　発達は、いったいどのように時間的に経過するというのでしょうか。この問いに対しては、これまで最も［一般的に］共有されている答えを挙げることができます。すなわち、発達は循環（サイクル）ないしは周期（リズム）をもって経過するが、これを言い換えるならば、発達は、もしそれを何らかの線で黒板の上に象徴的に描くとすれば、ゆるやかに徐々に上昇する垂直ではない直線［＝つまり、傾きのある直線］が得られるだろうから、どの決まった１年に対しても発達の均等な部分が相当しているような形で経過する、というものです。［しかし、］これは、発達についての間違った理解です。もし、子どもの任意の側面の発達、たとえば、体重はどのように増えていくのか、身長はどのように伸びていくのか、言葉はどのように発達していくのかを追究するならば、あるときは上昇し、あるときは下降し、そしてまた上昇していくといった波状曲線が常に現われるはずです。つまり、発達は、あたかも、いくつもの循環によって成り立っているかのようです。**この発達のテンポは、常に同じままではありません。**発達の集中的な上昇期は、発達の減衰期や発達の遅滞期に取って代わられるのです。つまり、発達とは、内部で発達のテンポや発達の内容が異なっている個々の循環の系列、個々の時代の系列、個々の時期の系列なのです。言うまでもなく、もし、子どもの発達の何らかの変化が、発達において急激な上昇が期待されるべき時期に下降するものであれば、そのときには、この変化はあるひとつの意味を持っているし、もしこの変化が、上昇よりは軽微な下降が期待されるべきときに起こったならば、そのときには、この変化は別の意味を持っているわけです。たとえば、この１年の間に子どもの体重がまったく増えなかった、あるいはわずかしか増えなかったことが伝えられます。もしこの１年が子どもの実際の発達において、**このような時期［＝体重が増える時期］**に相当しているならば、このことはとても好ましくないことであり、なぜ他の子どもたちがこの年齢で急激に体重を増やすときに、この子どもはまったく増やさなかったのかを深く考えさせることになります。一方、

もし、別の時期にこの子どもが体重をまったく増やさなかったと伝えられても、それで当惑させられることはありません。なぜならば、この子どもは、その体重の増加が下火になる時期にいるからです。発達におけるそれぞれの個々の変化や出来事の意味は、それがどのような発達の循環と結びついているのかによって決定されているのです。

　このような発達の循環、このような発達の波は、発達の個々の側面、たとえば、身長、体重、言葉、知的発達、記憶、注意などの発達に関しても、全体としての発達に関しても観察されます。もし、全体としての子どもの発達の光景［＝様相］を描こうとすれば、やはり、同じような波状曲線が得られるでしょう。**全体として得られたこのような発達の個々の循環が、年齢期と呼ばれます。年齢期とは、ほかならぬ、他の循環から仕切られた、あたかも回路が閉じたかのような発達の一定の循環のことで、それ自身の発達の独自のテンポと独自の内容を特徴としています。**そして、もし子どもの基本的な年齢期を把握するならば、これらの年齢期は継続の長さに関してお互いに一致していない、ということもわかるでしょう。たとえば、最初の年齢期である新生児期はおよそ1か月続きますが、実に、これはれっきとした年齢期なのです。

　次の年齢期は赤ん坊の時期［＝乳児期］で、およそ9〜10か月続き、次の年齢期は約2年続き、次の就学前期は実に4年ほども続くのです。ある年齢期は4年続き、別の年齢期は9か月続くということがわかります。つまり、年齢期の循環は時間的に一致しておらず、発達は、やはり、一定の時間間隔でその進路を一定のある部分に分割する、といった形で単純に時間的に配分されているのではありません。**そんなわけで、子どもの発達は時間的に経過するが、循環的に経過する過程であるということが、子どもの発達の第一の法則ないしは第一の特徴なのです。**

3 子どもの発達の個々の側面は不均衡・不均等に発達する

●子どもの発達の不均衡・不均等

　今度は、このことと関連していて、子どもの発達の特徴をいっそう深く解明することを可能にしてくれる第二の命題についてです。**この第二の特徴は、ふつう、子どもの発達の不均衡あるいは不均等と呼ばれています。**子どもはとても複雑な存在です。子どものすべての側面が発達するわけですが、**子どもの発達の第二の基本法則は、子どもの個々の側面は不均等に、また不均衡に発達するというものです。**たとえば、子どものすべての身体部分、たとえば頭、脚、胴が同等に成長するといったことは決して起こりません。たとえば、この年齢期には脚が大いに伸びるけれど、胴と頭は相対的にわずかしか成長しないといったことです。すべての有機システム、すべての器官、たとえば、筋肉組織、神経組織、消化系が均等に成長するといったことは起こりません。どの時期でも、常に、あるシステムは強力に成長するが、別のシステムは相対的により少なく、相対的に緩慢に成長するのです。たとえば、赤ん坊の時期を取り上げるならば、その一定の時期に、神経システムと消化系システムの急激できわめて集中的な発達と、筋肉システムの相対的により緩慢な発達が見られます。こうして、個々のシステムやお互いに異なる器官は、やはり不均衡に成長するのです。子どもの発達の個々の側面、たとえば、子どもの身長と子どもの知的発達は、お互いに結びついています。しかし、身体の長さの発達と知能の高さの発達の間には、直接の、均等な、均衡のとれた関係は決して観察されません。ここには、直接的な等速運動は見られないのです。子どもの知的生活には、発達の一定期間に、たとえばその知覚、記憶、注意、思考が完全に均等かつ一様に発達するといったことは、決して起こりません。常に、子どもの知的生活のある側面はより急速に発達し、他方、別の側面はより緩慢に発達するのです。

　つまり、発達は、子どもの身体全体と子どもの人格全体に対して、不

均衡かつ不均等に実現されるわけです。このことから、二つの派生的な非常に重要な、言わば、法則がもたらされます。

●発達のどの新しい年齢段階でも、身体の構造と人格の構造そのものが変化する

　その第一の法則は、もし発達が不均等かつ不均衡に経過するならば、**発達のどの新しい段階にも、身体ないしは機能の各部分の増大だけでなく、これら身体の各部分の相互関係の変化も起こるということです。**たとえば、もし当該の時期に、子どもに頭、脚、胴が不均等に成長するならば、これによって、**子どもの身体の均衡が変化する**ということが起こります。たとえば、3年が経って、脚が頭よりも大きく成長しました。何が起こるでしょうか。子どもの身体の構造全体がいくらか別の構造になるでしょう。以前は、子どもは脚が短く、頭が大きかったのですが、今は、脚が長く、相対的に頭が小さく見えるでしょう。

　身体の機能や個々の側面は均等には成長しないので、どの一定の段階にも、個々の側面の大きな成長や小さな成長が生じるだけでなく、身体の個々の側面間の関係の再編成、再組織化が起こるのです。つまり、**どの新しい年齢段階でも、身体の構造そのものと人格の構造そのものが変化するのです。**これが第一の命題です。

●子どもの発達のどの側面にも、それ自身の発達の最適期がある

　第二の命題は、そうは言っても、どの年齢期にも、子どもの有機的生活と子どもの人格の一定の側面があたかも発達の中心へと進み出て、**これらの側面が特別に強力に、特別に急速に成長するということを示すいくつかの基本的な法則が存在する、**ということです。このときまでは、また、こののちには、これらの側面はきわめて緩慢に成長していて、言わば、発達の周辺に移動しています。**すなわち、子どもの発達のどの側面にも、それ自身の発達の最適期、**つまり、その側面が最もよく発達する時期があるのです。

　たとえば、子どもの歩行は、多少早く始まろうが、多少遅く終わろう
が、人生のうちの約1年間で最も力強く発達します。歩行は、子どもの
人生の1年目の終わりから2年目の終わりにかけて、とても強力に発達
すると言えるでしょう。そして、この時点までは、歩行、より正確に言
えば、歩行の前提が発達するのです。この子どもがどのように歩くよう
になるかは、その骨格の形成と発達、筋肉と運動の発達、脚の運動機能
を観察することによって、［生後］6か月で予測することができます。し
かし、人生の1年目には、歩行は、1歳から2歳にかけてと同じように
力強く発達するとは言えません。歩き方の発達は、もっとあとになって
から観察されます。たとえば、学童は就学前児童よりも巧みに歩きます。
しかし、歩行は、最初の時期と同じくらいに力強く発達していると言え
るでしょうか。そうは言えません。つまり、もし歩行を取り上げるなら
ば、この機能の発達における最も重要な出来事はあるひとつの時期に集
中的に現れる、ということがわかるでしょう。それまでは準備が進めら
れ、それよりあとには仕上げがおこなわれるのですが、準備も仕上げも、
もはや、歩行それ自身の中心部での発達よりも、テンポに関してずっと
緩慢で、内容に関してずっと貧弱なのです。

　たとえば、言葉を取り上げてみましょう。言葉はいつ発達するので
しょうか。またしても、およそ1歳5か月と3〜5歳の間です。通常、
この時期に、子どもは母語の基本的な形式の全体を習得します。言葉は、
最初は片言という形で発達するのでしょうか。その通りです。もっとあ
とに、5歳過ぎても言葉は発達するでしょうか。はい、発達します。し
かし、この年齢期の先にもあとにも、言葉はそれほど急激に、それほど
集中的に発達するわけでもなく、言葉の発達での最も重要な前進を成し
遂げるわけでもありません。言葉が発達の中心部に位置する主要な時期
は、まさに上記の時期に相当しているのです。

　こうして、どの機能にもそれ自身に固有の最適な発達の期間があると
いうこと、どの機能もこの時期に発達の前面に進み出るが、その後、し
かるべき発達の循環が経過すると、その機能は副次的側面に退き、何か

別の機能が前面に進み出るということがわかります。

●発達における機能の順序性に見られる独自の法則性

　こうして、**発達の不均衡からは**、私たちが関わっている発達とは次のようなものだ、ということがわかります。すなわち、発達とは、子どもが持っている特徴の量的な増大だけでなく、発達の個々の側面間の関係の再編成であり、どの年齢期も発達の内容に関して別の年齢期とは異なっている、というものです。この年齢期では、ある機能が前面に進み出て、別の機能は周辺部にあるが、次の年齢期では、周辺部にあった別の機能が前面に進み出て、今中心部にある機能は、周辺部に遠ざかるのです。

　特に、**より基本的な機能はより早くに成熟する**という法則があります。たとえば、知覚は記憶よりも早くに発達します。このことは、まったく明らかです。なぜならば、知覚は前提であり、より基本的な機能だからです。子どもが知覚できるときに、記憶は生じることができるのです。知覚と記憶は思考よりも早くに発達します。あるいは、空間の理解と時間の理解ではどちらが早いと思いますか。空間の理解の方が早いのです。空間の理解が前提であり、基本的な機能なのです。したがって、**機能のこのような順序性の中に独自の法則性があるのです**。ある機能はより早くに成熟し、別の機能はより遅くに成熟します。ある機能は、成熟を開始するためには、すでに前提として別の機能なりを持っていなければなりません。それゆえ、個々の循環における発達のテンポや発達の内容のこうした**不均衡**、不均等は、**これらの循環の過程で、複雑な法則的な結合が発達の個々の側面間に生じる原因となっているわけです**。ある機能は早くに実現され、別の機能は遅くに実現され、偶然ではなく、相互間の内的な結合法則によって、これらの機能は前に進んでいくのです。

　今や、第一の法則（子どもの発達の循環性）においても、第二の法則（個々の側面の発達の不均衡ないしは不均等）においても、発達の過程にはとても複雑な構造、とても複雑な組織、とても複雑な時間的な経過がある、

ということが見出されました。それでは、この複雑な構造の、この複雑な経過の法則は存在しなければならないのでしょうか。存在しなければなりません。それぞれの個々の場合において、これらの法則がどのように作用しているのかを察知することは、実践面から見て重要でしょうか、それとも重要ではないでしょうか。重要です。それゆえ、このような発達の法則を研究し、これらの法則を一連の実践的課題の解決のために適用することのできる科学も、存在しなければなりません。

　私は、科学がこれらの法則をどのように研究し、どのように実践的な課題を解決するのかについて語ることに努めますが、最初に、子どもの発達の二つの基本的な特徴、二つの基本的な法則について述べましょう。

4　子どもの発達におけるあらゆる進化は、退行・逆方向の発達と同時にある

●逆方向の発達過程

　子どもの発達の法則は、**進歩的で前進的な過程だけでなく、子どもの発達のより早い段階で子どもに特有であった特徴や特質の、あたかも逆方向のような発達も観察される**、ということです。通常、この法則は、**子どもの発達におけるあらゆる進化は、退行、つまり逆方向の発達と同時にある**、と定式化されます。**逆方向の発達過程は、まるで子どもの進化の行程の中に編み込まれているかのようです。**

　たとえば、話すことを習得している子どもは、片言を言うのをやめます。そして、片言を言うのをやめるだけでなく、研究が明らかにしているように、話をしている子どもは、たとえそうしたいと思っても、そうするように頼まれても、自分の片言や、片言の形でいつも言っていた音声を再現することができないのです。学童に特徴的な学校的興味や思考形式が発達している子どもには、就学前児童の子どもっぽい興味は消滅しているし、就学前期にその子どもに特徴的であった思考の特徴は消滅しています。以前に優勢であった特徴の逆方向の発達が生じるわけです。

たとえば、子どもの心理性的な発達を取り上げましょう。どの発達段階においても、子どもには、その心理性的欲求の一定の組織、一定の構造があります。次の発達段階へ移行する際には、子どもの心理性的欲求の新しい構造、新しい組織だけでなく、前の構造を特徴づけていた基本的な特徴が逆方向の発達を被るのです。

●退行の過程と進化の過程の密接な依存関係

　もちろん、このことを、あらゆる前進は以前にあったものの単純な廃棄と常に結びついている、といった機械的な意味で理解してはなりません。**退行の過程と進化の過程の間には、きわめて密接な関係**、きわめて密接な依存関係**が存在しています**。以前に優勢だったものの多くは、単純に消滅するのではなく、改造されて、新しい、より高次な組織に包含されるのですが、他方で、多くのものが、退行という言葉の文字通りの意味でも姿を消します。**小児症**と呼ばれる子どもの発達の一連の歪み、子どもの発達の一連の障害があります。ロシア語への直訳では、小児症は「幼稚さ」を意味しています。発達のこの障害の本質がどこにあるのかを研究すると、**本質は次の点にあるということ**が確認されます。すなわち、**退行の過程が損なわれていて、正常な発達の場合にはタイミングよく背後に退くべきシステムが、タイミングよく消滅せず、逆方向の発達を受けないという点です。子どもは次の年齢期に移行し、成長した年齢期に特有な特徴を獲得するのですが、子どもの何らかの個々の側面がより以前の子どもっぽい組織を保存していて、諸々の特徴のシステムの内部に、より古い年齢期に特有な幼稚さが残存しているのです。**

5　子どもの発達における転換の法則

●子どもの発達は量的な変化に還元されない質的な変化の連鎖

　さらに、児童学の対象とは何かということについて、より具体的で内容豊かな理解を提供するために、私が言及したかった発達の法則のうち

の最後の法則は、通常、**子どもの発達における転換の法則として定式化**される法則です。ご存知のとおり、ある形式から別の形式への質的な変化のことを転換と呼んでいます。この法則は、子どもの発達の特徴について、子どもの発達とは、もっぱら量的な変化、単純な量的な増加に還元されず、質的な変化、質的な転化の連鎖であると考えるものです。たとえば、子どもが、這い這いから歩行へ、片言から言葉へ、直観的思考から抽象的な言語的思考へ移行するとき、これらすべての場合において、以前に存在した子どもの機能の単純な増加や増大が生じるのではなく、この機能がそこに現われていたある形式のまったく別の形式への変化 ── まるで質的とも言える変化 ── が生じるのです。もしこのような現象を仮に、純粋に比喩的に理解するならば、子どもの発達は、次のような例に満ちていると言えるでしょう。すなわち、卵から青虫へ、青虫から蛹へ、蛹から蝶への変化を思わせる、つまり、ある種の動物の、とりわけ昆虫の個体発生に観察される生物学的な変態を思わせるような例です。

　今や、これまで見てきた発達の法則から、いくつかの一般的な結論を下すことができるでしょう。これらの結果は次のような形で定式化できるでしょう。第一には、**子どもの発達の過程は、単に個々の特徴の量的な増加過程ではなく、増加や増大にのみ還元される過程ではない**、ということがわかりました。

　子どもの発達とは、発達の循環性^{訳注2}ゆえに、また発達の不均衡ゆえに、**発達の諸側面間の、身体の個々の部分間の、人格の個々の機能間の再編成を含み、どの新しい段階においても、もはや［部分間の再編成にとどまらない］子どもの人格全体の、子どもの身体全体の変化をもたらす再編成を含む**複雑な過程なのです。

●子どもは質的に独自の存在
　さらに、子どもの発達過程は、こうした再編成にのみとどまらない過程であり、質的な変化、質的な転化、転換の全連鎖を含んでいるのです。

そして、そのときには、私たちの考えでは、発達において、先行する発達の過程全体によってその発生は準備されてはいたが、先行の発達段階には存在しなかった新しい形式が出現するのです。ずっと昔、まだ科学的な児童学の存在以前に、ルソー（Rousseau, J. J.）が有名な文言 ―― それは、今日までも繰り返し語られており、今日までも、本質的に、児童学の研究全体がそこから始まるべき文言 ―― の中で述べたことについて、今や、はっきりと理解できます。ルソーは語っています。**子どもは単に小さな大人ではなく、子どもは、少し背が低いとか、少し考えが足りないとか、たとえば、その他の点に関して発達が進んでいないとか、といったことで大人と異なっている存在ではなく、子どもは、その身体と人格の構造そのものによって質的に大人とは異なっている存在なのだ、と。**それゆえ、子どもから大人への変化は、最初から与えられている小さな大人が単に大きくなるということではなく、子どもが成熟した状態の段階に到達するために通過しなければならない一連の質的変化の過程なのです。ルソーが大人と比較して子どもについて語っているまさにそのことは、様々な年齢段階にいる子どもにも適用できます。子どもは小さな大人ではないのとまったく同様に、就学前児童は単に小さな学童ではないし、赤ん坊［＝乳幼児］は単に小さな就学前児童ではありません。つまり、さらに言うならば、**個々の年齢期の間の違いは、単に、上位の段階では大いに発達して登場するまさにその特徴が、下位の段階ではわずかしか発達していないという点にあるのではなく、違いは、就学前期、学童期、その他、これらすべての年齢期は子どもの発達の独自の段階であり、これらのどの段階においても、子どもは、これら異なる年齢期のそれぞれにとって異なっているその年齢期に特有な法則に従って、生活し、発達している質的に独自の存在なのだ、という点にあるのです。**

6 子どもの発達に関する三つの理論グループ

　今度は、子どもの発達の理解と結びついた、いくつかの一般的な理論的、方法論的な問題についてごく手短に言及しましょう。もし子どもの発達がそれほどに複雑な構造を持ち、それほどに複雑な法則性を示す複雑で精巧に組織された過程であるならば、この過程の理論的な理解において、児童学の様々な潮流の間に統一がないことは、おそらく、おわかりになるでしょう。ご存知のように、生物学での生命のような基本的な概念の理解には、統一がありません。

　生物学での生命の概念が、ブルジョワ科学の思想全体を二つの陣営 ── 生気論者の陣営と機械論者の陣営 ── に分裂させる原因となっているのとまったく同様に、子どもの発達の概念は、哲学的、一般理論的な見地から解明されるべき基本的な概念のひとつです。ここでも、研究者たちの中に見解の統一は見出せません。

　子どもの発達の本性に関するこの問題について、現在の科学においては、どのような基本的な方法論的解決があるのでしょうか。また、児童学を構築している、あるいは以前にその構築に参加していた任意の学者を研究しようとするときには、どの学者に出会う必要があるのでしょうか。

　子どもの発達に関して存在するすべての理論は、簡潔に、はっきりと、三つのグループに分けることができると思われます。

●第一の理論グループ：発達を否定する前成説

　これらの理論グループの第一は、いずれにせよ、おそらくは発生学から、より正しくは発生学の歴史から知られているもの、**前成説**と呼ばれるものと結びついています。ご存知のとおり、次のような理論が前成説と呼ばれていました。すなわち、胚発生が始まるその胚の中に、種子の中に、発達の最後に現れるはずの未来の形式が前もって含まれていて

——ただし、小さなサイズで——、発達とは、この小さな微細な形式が大きくなり成長することによって、しかるべき成熟した形式になることだ、と仮定した理論です。前成説とは、ロシア語への直訳では、「あらかじめ形式が存在すること」を意味しています。ご存知のように、科学的な発生学以前の初期には、この見地から、樫の木の種子の中には根も枝も葉もすべて備えた未来の樫の木が含まれていて、発達とは、ただ、この微細な樫の木が巨大な樫の木になるということにすぎない、と考えられていたのです。[人間の場合にも]同じことが主張されます（この見地の支持者たちの何人かは、これを実験的な方法によって確かめたと主張しましたが、もちろん、純粋に思弁的な方法によってです）。すなわち、人間の胚の中には未来の人間ができあがった状態で含まれていて、発達とは、胚の中に含まれているこの微細な人間が、胚発生の過程で新生児になることだ、という主張です。発生学においては、このような理論はとっくの昔に過去のものとなっており、歴史的な意味しか持っていませんが、児童学においては、それは今日までも現実的な意味を保持しているのです。そして、このような見地に従っている、とてもまじめで、偉大ですらある学者が少なからず存在しているのです。

　発生学よりも児童学において、なぜこのような理論が根づいたのかは明らかでしょう。なぜならば、この理論はきわめて常識はずれであったし、事実ときわめて矛盾していて、発生学の実験的な研究が開始されるや否や、この理論は空想的で、現実に即していない設定のものだということがいとも簡単に示されたからです。他方、児童学においては、このことを示すのはより困難なことです。なぜならば、新生児は、実際のところ、外見上では、ほとんどできあがった人間という印象を与えるからです。その身体の構造によって、すべての器官を持ち合わせていることによって、新生児は、単にまだ大人に特有の大きさを欠いているだけの、まるでできあがった完全な人間のようです。それゆえに、胚発生^{訳注3}理論あるいは後胚発生理論において、前成説はより長く維持されて、今日まで存在しているわけです。

　前成説はどのように現われているでしょうか。児童学では、この理論はどのようなものでしょうか。この理論は、人間の中で、子どもの中で発達しているものはすべて、遺伝的な萌芽の中にそれ自身の最終的な基礎を持っている、ということに立脚しています。どの特質も、どの特徴も、いずれにせよ、子ども自身の遺伝的な特質の中に貯蔵された何らかの萌芽と直接的ないしは間接的に、遠回りにあるいは緊密に結びついています。この理論は次のように考えています。すなわち、人間の発達を特徴づけるあらゆる特質を発達させる素質がこれら萌芽の中に含まれていて、発達とは、この理論の主たる代表者のひとりが言い表しているように、これら萌芽の実現、変形、組み合わせにほかならず、つまりは、最初からすべてのものが萌芽の中に貯蔵されていて、これら萌芽が実現されるか否かは発達しだいである、というわけです。もし別の萌芽ではなく、ある萌芽が実現されるならば、そのときには、光景は、すべての萌芽が実現された場合や、あるいは、別の萌芽が実現され、最初の萌芽が実現されなかった場合とは違った光景になるでしょう。さらには、発達の中でこれらの萌芽は、まさにこの研究者が語っているように、変化するのです。つまり、萌芽は、それが実現される条件によって変容するのです。萌芽は、それらがどのような条件の中で発生するのかによって、弱まったり、強まったりするし、より柔軟になったり、反対に、より安定し、堅固になったりするのです。

　その上、萌芽は、発達の過程で組み合わさることができるのです。たとえば、新生児の誰が将来の優秀な技師や最良のタイピストになるのかを決定する素質が、遺伝的萌芽の中にあると仮定することはできません。このことは、萌芽の組み合わせによるのです。あらゆる活動にとって、特質の一定の組み合わせが必要です。これらの特質が発達の中でどのように組み合わさるのかによって、ある特質は優秀な技師として、別の特質は最悪の技師として現れ、ある特質はタイプを打つことに関してより有能として、別の特質はより無能として現れるということなのです。つまり、この見地からは、繰り返して言いますが、すべてはあらかじめ萌

95

芽の中に含まれていて、発達においては、ただこれら萌芽の実現、変形、組み合わせだけが生じるのです。

　こうした見地の根拠のなさは、前成説と結びついたすべての理論と同様に、この見地が、**本質的に言って、全体として発達過程を否定しているということを勘案すれば、簡単に明らかにすることができると思います。**もしすべてがあらかじめ最初から与えられているならば、もし最初から与えられているものの実現や変形や組み合わせだけが生じるならば、発達の過程は、全体として、生活のあらゆる過程と何によって区別されるのかが問われるでしょう。たとえば、成熟した人間、私たちのそれぞれを取り上げてみましょう。私たちの素質が実現されるか否かは、はたして、私たちの生活条件に依存してはいないのでしょうか。はたして、私たちの生活条件によって、私たちの特性は変化したり、変形したりしないのでしょうか。はたして、大人になる過程で、私たちは、あれこれの活動の中で、私たちの素質を組み合わせてはいないのでしょうか。したがって、もし発達がこのようなこと［＝最初から与えられているものの実現や変形や組み合わせ］だけに尽きるとしたら、そのときには、発達は、全体として、発達ではないものと、つまり、発達とは別のあらゆる状態と区別されないでしょう。

●発達の発達たる基本的特徴：新しいものの発生

　特別な過程としての発達を、獲得されたものと同時に、他のすべての過程から区別できることは、最も本質的で基本的なことではないでしょうか。発達を発達にしている、発達に基本的な質を与えている、それがなければ発達を発達と呼ぶことができない**基本的な特徴とは何か**を述べるならば、**それは新しいものの発生という特徴です。**もし私たちの前にあるのが、その経過の中で何がしかの新しい質、新しい特質、新しい形成物が発生しない過程であるならば、そのときには、もちろん、この言葉の本来の意味での発達について語ることはできません。

　例として、いつ星雲から天体が、一連の系が、たとえば太陽系が形成

されたのか、宇宙論的な発達を取り上げてみましょう。なぜ、これを発達と呼ぶのでしょうか。なぜならば、以前には存在しなかった一連の新しい世界、新しい系、新しい天体が発生したからです。なぜ地質学では、たとえば、地球の発達について語られるのでしょうか。なぜならば、やはり、以前には存在しなかった一連の新しい岩石、新しい形成物が発生したからです。なぜ歴史学では、人類の歴史的発達について語られるのでしょうか。なぜならば、一度も歴史の中に存在したことのない、人間社会の新しい形式が発生するからです。たとえば、現在、次のようなことが語られています。すなわち、私たちは人類が経験したあらゆる歴史的転換期のうちの最大の転換期にいて、人類の歴史の中にいまだまったく存在したことのない新しい社会体制の前夜にいるのだ、ということです。このことは何を意味しているのでしょうか。このこともまた、歴史的な過程は、それゆえに歴史の発達でもあるということ、つまりは、歴史の発達は、新しいものの絶え間なき発生過程であるということを前提にしているわけです。このような場合にだけ、発達について語ることができるのです。

　検討されているここでの理論［＝前成説］の見地からは、発達の中では、最初から与えられているものの実現と変形だけが生じるのです。つまり、別の言葉で言うならば、この理論の見地からは、発達の中では何も新しいものが生じないのです。そうであるならば、明らかに、この理論は、すでに述べたように、本質的に言って、発達全体の否定をもたらすのです。この理論にとって、子どもは小さな大人なのです。つまり、子どもとは、大人には発達した形で、大きな度合いで存在するものすべてが、胚の中に、一定の小さな度合いで保存されている生き物なのです。発達とは、胚の中に小さな度合いで保存されているものが増大し、より大きくなるというだけのことなのです。それゆえ、この理論は、必然的に、発達そのものの否定をもたらすことになります。

●第二の理論グループ：発達を否定する環境による全面的な決定

　このような理論に対立する、しかし同じくらい正しくないと思われるもうひとつの発達理論は、**発達とはそれ自身の内的な法則によって規定された過程ではなく、外部から、環境によって全面的に決定されている過程と見なされる**、というものです。このような見地はブルジョワ科学の中で発展し、ソビエト児童学の中でも長期にわたって生じていました。**子どもとは、環境が一定のやり方で子どもに影響を及ぼすことよって得られる受動的な産物であり**、それゆえに、発達とは、子どもが、周囲の人々から成る環境の中に含まれている特徴を、外側から、自らに吸収し、摂取し、運び入れることである、と見なされていました。たとえば、次のように語られます。すなわち、子どもの言葉の発達は、周囲で話されている言葉を子どもが耳にするから生じるのだ、と。子どもはそれらを保持するようになり、話すようにもなるのです。子どもは、単に言葉を身につけるのであり、暗記するだけだというわけです。そうだとすると、問われます。なぜ、子どもは1歳半から5歳までに言葉を身につけ、それより早くでもなく、遅くでもないのでしょうか。なぜ、子どもは一定の段階を通って言葉を身につけるのでしょうか。なぜ、子どもは、学校で何らかの課題が暗記されるようには、言葉を暗記しないのでしょうか。これらすべての問いに対して、この理論は答えることはできません。しかし、この理論は、子どもを、かつて考えられたような小さな大人として（これは前成説です）ではなく、「タブラ・ラサ（tabula rasa）」──おそらく、この表現を耳にしたことがあるでしょう──と見なすことによって、自らの見地を徹底して展開するのです。古い教育学者や古い哲学者は、子どもは「タブラ・ラサ」であるという見地を述べていました。それは、白紙や、（ローマ人はきれいな板の上に書いた）と言われるような、何も書かれていないきれいな板のことです。そこに書かれることが、そこに取り込まれるのです。つまり、子どもは、最初から、自らの発達の歩みを決定する要素を何も持たない純粋に受動的な産物というわけです。これでは、発達の過程で経験の内容が作り出すものによって満たされる

単なる受容器、単なる容れ物にすぎません。子どもは環境の単に刻印であり、子どもは、この環境から、外的な方法によって、周囲の人々の中に見出すものを取り込み、自分のものにするのです。最初の理論が、発達の中ではすべてが最初から与えられているがゆえに、発達の否定をもたらすとすれば、**第二の理論もまた、発達を子どもの内的な運動過程ではなく、単に経験の蓄積に、環境の作用の単なる再現にすり替えているがゆえに、発達の否定をもたらすのです。**

　これら二つの理論は、ご覧のように、等しく同一の結果をもたらすのです。これらの理論は、本質的に言って、発達の問題を解決せずに、この問題を破棄しているのです。かつて指摘したように、これらの理論は結び目を解くのではなく、結び目を切り裂き、切断しているのです。結果として、どちらの理論も、その一方は子どもの中にすべてを見て、環境が子どもに及ぼすどんな作用も否定して、他方は環境の中にすべてを見て、子ども自身のどんな役割をも否定して、両方共に同一のことを、発達の否定をもたらしているわけです。一方は発達を萌芽の実現にすり替えているし、他方は発達を単なる経験の蓄積にすり替えているのです。どちらにも、すでに述べられたように、最も重要なものが、それがなければ発達が全体として発達ではありえないものが、欠けているのです。まさにどちらにも、新しいものの発生こそが発達の基本である、という考えが欠落しているのです。

●第三の理論グループ：子どもの発達とは人間的な人格の生成・発生の過程である

　したがって、[次に述べる]**第三の理論グループが、基本的に、そこにおいて遅かれ早かれ児童学が真に正しい、方法論的に申し分のない発達理論を創造すべき道筋の上に立っているのです。**ただし、この第三の理論グループは、まだ様々な研究者の下で、異なった方法で研究されていて、多くの場合、第一の理論グループにも第二の理論グループにも襲用された誤った見解がまだ完全には一掃されてはいません。

この第三の理論グループにとって、何が最も基本的なことなのかについては、最初の二つのグループの批判をしていたときに、すでに述べました。第三の理論グループの基礎には、子どもの発達とは**人間の、人間的な人格の生成ないしは発生の過程であるという考えがあります。この過程は、新しい特徴、新しい質、新しい特質、新しい形成物の絶え間ない発生によって実現されます。そして、これらの新しい形成物は、先行する発達過程全体によって準備されるのですが、先行する発達段階でのより小さく控え目なサイズのままに、できあがった状態で保存されているのではありません。**

　私は、第一の理論も第二の理論も、それらは、発達の中では何か新しいものが発生するということを説明することもできないし、説明することを望んでもいないゆえに、発達の否定をもたらしている、ということを示すことに努めました。まさに、新しいものの発生というこの考えこそは、第三の理論グループの基本的な核となっているのです。

　つまり、この第三の理論グループによれば、発達とは、人間に固有な特質のすべてを持った人間の形成過程なのです。この過程は、それぞれの段階での新しい質、新しい特徴、人間に固有の新しい特性、新しい形成物の発生によって実現されるのです。これらの新しい特徴、新しい質は、天から降ってくるのではなく、先行する発達の時期によって準備されるのです。この場合にも、歴史の中で、社会主義の到来が先行する資本主義の発展と崩壊の歴史によって準備されるのと、まったく同様なのです。しかし、それと同時に、社会主義は資本主義的形式の中にすでに保存されている、と言うことはできません。やはり、この場合にも、一定の年齢段階で発生するこれらの新しい質は、発達の過程全体によって準備されるのであり、そこにできあがった状態で保存されているのではない、ということが関わっているわけです。

　そんなわけで、第三の理論グループの見地からは、発達とは、人間にとって特有の、先行する発達過程全体によって準備される、しかし、前の段階でのできあがった状態で保存されてはいない、**それぞれの段階で**

の新しい質、新しい形成物の発生によって実現される人間ないしは人格の形成の過程なのです。

●新しいものの発生と先行する発達過程との法則的な結びつき

　ここで重要なことは、二つの考え —— それらは、私たちの理解の正しい科学的な決定のためには不可避の考えです —— を考慮に入れるということです。ひとつ目の考えは、**発達の中では何か新しいものが発生するということです。**発達とは単にあらかじめ形成されている過程ではありません。まさにこのことが、私たちの理解を第一の理論と、つまり前成説の理論と区別します。しかし、［二つ目の考えとして、］この新しいものは、天から降ってきて発生するのではなく、**先行する発達過程から必然的かつ法則的に発生する**ということにも、言及することが重要です。つまり、この新しいものと先行する発達過程との結びつきを指摘することが不可欠なのです。それゆえ、第一の理論を退けるときにも、この理論の中の真理であるものを完全に放棄してはなりません。真理であるものとは、まさに、次に続く発達段階と**過去の発達段階**との結びつき **—— 過去は未来の中の現在の発生に直接の影響を持っている ——** ということです。発達の中では、人間に特有な新しい特質や形成物が発生するという考えと、それらは発達の法則によって発生するのであり、外部から、偶然に、子どもとは無関係に持ち込まれたり、天から降ってきたり、一定の期日にそれらの出現を命じる何らかの生命力によって創造されたりするのではないという考えと、それらの出現は必ずや先行する発達段階によって歴史的に準備されているはずだという考えを、統合すること［が必要なの］です。二つ目の考えも大切に守り、統合することが必要なのです。

　私は、とても抽象的な形でこれらの特徴について述べました。というのも、ひとつの目的だけ —— 児童学の対象についての私たちの理解をより内容豊かなものにすることだけ —— を追求したからです。子どもの発達は、一連のきわめて多様な法則を持つ複雑な過程であること、そ

して、これらの法則の研究こそがまさに私たちの科学の対象である、ということを示したかったのです。

　児童学の実践的課題とその方法については、子どもの臨床的な検討のときに、児童学のデータが子どもの発達の分析にどのように適用されるかを見るときに、話し合うことにしましょう。理論の、特に、最近の理論の具体的な分析については、次に続く二つの講義のときにおこなうことができるでしょう。そのときには、児童学の方法について、児童学は子どもの発達をどのように研究するのかについて、環境と遺伝について、つまり、発達に及ぼす遺伝的な素質の影響の決定にとってどのような具体的な法則があるのか、子どもの発達における環境の実際の役割とはどのようなものかについて、お話しするでしょう。そのときには、こうしたことすべてがいっそう明確に、いっそう具体的になるでしょう。

【訳注】

訳注1　ここは、元の速記録では「測っている（измеряет）」という語になっているが、コロターエヴァ他編『児童学講義』の中では、編集者によって「反映している（отражает）」という語に訂正されている。確かにその方が正確な表現になるので、邦訳は訂正に従った。

訳注2　ここは、元の速記録では「周期性の（ритмичности）」という語になっているが、コロターエヴァ他編『児童学講義』の中では、編集者によって「循環性の（цикличности）」という語に訂正されている。その方が確かに適切な表現になるので、邦訳は訂正に従った。

訳注3　ここは元の速記録では「双胚の（виэмбрионального）」という語になっているが、コロターエヴァ他編『児童学講義』の中では、編集者によって「胚の（эмбрионального）」という語に訂正されている。ここに「双胚発生」（たとば、一卵性双生児の胚発生）が出てくる必然性はなく、ここは速記録の誤植と考えた方が適切に思われるので、邦訳は訂正に従った。なお、卵内での受精から誕生までを「胚発生」、新生児が成人になるまでを「後胚発生」と呼んでいる。

第Ⅲ論文
「児童学の方法」

1 方法とは何か

前回［の講義で］は、児童学の対象について述べ、児童学は子どもの発達を研究するということ、子どもの発達とは、一連のきわめて基本的な法則性を示す複雑な過程であるということを明らかにしました。

今回は、これらの法則性が個々の各事例において、とりわけ発達の障害の事例においてどのように現われるのか、そして、児童学的診断は、子どもの発達のこれらの法則性が損なわれたり、破壊されたり、歪んでいたりする個々の各事例において、これらの法則性をどのように判別しようとするのかを実際に観察する機会を持ちました。

では、児童学の方法（метод）について話題にしたいと思います。方法とは、ギリシャ語からの翻訳で「道筋（путь）」を意味しています。**転義では、方法という語によって、現実の何らかの部分を調査したり研究したりする手法（способ）のことを意味します。これは認識の道筋であり、この道筋によって、私たちは、どの領域においても科学的な法則の理解に至るわけです。**しかし、言うまでもなく、どの科学にもそれ自身の独自の研究対象があるので、どの対象の研究にとっても特別の方法が必要です。方法とは道筋であり、手段（средство）なのです。それゆえ、この手段、この道筋は、目的 —— 当該の領域において科学が何を追求しようとするのか —— に依存しています。そして、どの科学にもそれ自身の特別の課題、それ自身の特別の目的があるとすれば、すべての科学がそれ自身の独自の研究方法 —— つまりは、研究の道筋 —— も練り上げていることは言うまでもありません。まさにこの意味で、自分自身の対象を持たない科学がまったく存在しないのと同様に、自分自身の方法を持たない科学もまったく存在しないと言えるのです。この方法の性格は、常に、当該の科学の対象それ自体の性格によって規定されています。それゆえ、［児童学の対象である］子どもの発達を特徴づけているものについて、たとえ簡単にでも知識を得たならば、私たちは、もはや

すでに、児童学の方法は何によって特徴づけられるのか、児童学の方法の最も重要で本質的な特徴とは何なのかを明らかにすることに、話題を進めることができるわけです。

2　統一的方法

●全面的な方法ということではない

児童学の方法の**第一**の際立った特性は、通常言われているように、それが**発達研究の統一的方法**（целостный метод）だという点にあると思われます。この方法は、子どもの身体や人格の何かひとつの側面を把握するのではなく、すべての側面を、全体としての人格と身体を把握するのです。それゆえに、ずっと以前から、児童学の方法は統一的方法であると認められてきたのです。

しかし、児童学における統一的方法とはいったい何でしょうか。それは、しばしば曖昧なままに提示されてきました。もし、児童学における統一的方法が何を意味しているのかが明確にされるならば、個々のどの事例においても、科学的研究と実践的研究の基本的な手立て（прием）のすべてが理解されるでしょう。

まず何よりも、**統一的方法とは全面的な方法のことではない**、ということを言わなければなりません。たとえば、すべての側面からひとつのことを分離して研究し、そののちに別のことを研究し、さらにそのあとに第三のことを研究するということや、与えられた特性のすべてを研究するということ ── これはまだ統一的方法ではなく、単に全面的な方法にすぎません。通常、このような全面的な研究は、ひとつの科学領域ではなく、いくつもの科学領域に波及しています。そして、このような全面的な研究は、通常、理論的な目的ではなく、しばしば実践的で技術的な目的のために必要とされます。その場合には、様々な科学のデータを結合する必要があります。しかし、言うまでもなく、児童学は、もしその方法が個々の科学のデータを集めて体系化するだけならば、特別な

科学ではありえないでしょう。

●分析を排除する方法ではない

　言わなければならない**第二のこと**は、**統一的方法は分析を排除すると
いった方法ではない、ということ**です。分析に訴えない手法で、つまり
は、複雑な全体を個々の構成要素や組成成分に分解しない手法で進んで
いけるような科学は、ひとつたりとも存在しません。それゆえに、ここ
でもまた、統一的方法について語る場合、分析的な検討の可能性をなぜ
か排除している総和的で概括的な方法については、念頭に置く必要はあ
りません。

　積極的な定義はどうかと言えば^{訳注1}、もしある観点から、二つの基本
的な分析手法 —— これらは、科学の中で、とりわけ子どもの発達研究
のために、いつでも適用されている手法ですが —— を取り上げて、そ
れらを互いに対置するならば、児童学的研究における統一的方法とは何
かについて、何よりも容易に明らかにできると思われます。

●要素に分解する分析

　これら二つの分析手法の一方を、要素への分解と呼ぶことができます。
その場合には、複雑な全体は分析の過程でその構成要素に、いわば要素
的な構成部分に分解されます。私たちが何らかの複雑な物体をその構成
要素に分解する場合、化学的な分析がこのような方法の典型例となりま
す。しかし、同様な分析例は、科学のあらゆる領域において、とりわけ
子どもの発達の研究においても見られます。もし私たちが、たとえば言
葉、言葉のような複雑な形成物 —— 言葉には独自の生理学的側面と独
自の心理学的側面があるわけですが —— に興味を持ち、さらには、発
声器官の生理学ないしは発声器官の解剖学をそれ自体として研究するか、
あるいは、言葉の心理学をそれ自体として研究することを課題としたな
らば、そのときには、私たちは、化学者が水をその構成要素に分解する
ときにおこなう行動とまったく同じように行動するでしょう。私たちは、

言葉の各々の側面を独立した要素として取り出し、その側面をそれ自体
として研究するでしょう。

　もうひとつの分析手法は、単位という複雑な全体に還元する分解方法
ないしは分析方法と呼ぶことができるものです。これはいったい何を意
味しているのでしょうか。要素がその成分となっている全体と比較して、
要素の特徴とは何でしょうか。私が思うには、要素は、これらの要素か
ら構成されている全体と比較して、そこに全体に固有の特質が欠けてい
るということによって特徴づけられるのです。たとえば、もし私が、な
ぜ水は火を消すのか、なぜ水の中ではある物体は沈み、別の物体は浮か
ぶのかを説明したいと思っているならば、そのときには、このようなこ
とが起こるのは、水が水素と酸素から成り立っていて、その化学式が
H_2O だからである、と答えることはできないでしょう。なぜならば、
水を水素と酸素に分解したとたんに、これら要素には、水に固有なすべ
ての特質がもはや失われているからです。これらの特質は、水が水で
あった間だけ水に固有のものだったのです。というのも、酸素は燃焼を
持続させ、水素は自身が燃えるので、ここでは火を消すという水の特質
は姿を消しており、酸素と水素の特質の総和からは説明できないのです。
つまり、要素に分解する分析にとって最も特徴的なことは、全体に固有
な特質をもはや含まない部分にまで全体を分解する、ということにあり
ます。それゆえ、このような分析では、個々の部分の特質からは、全体
に固有な複雑な特質を説明できないわけです。水を構成している要素と
火との関係からは、なぜ水が火を消すのかを説明できないのです。それ
ゆえに、本質的には、この分析は、全体の特質という観点からは、言葉
の本来の意味での分析ではなく、むしろ、分析の対立物だと言うことが
できます。なぜならば、この分析は、複雑な全体を〔全体の特質を保持し
ている〕特別の構成要素に分解するのではなく、反対に、この複雑な全
体が持つすべての特質を単一の共通の原因に帰するからです。

　水は水素と酸素から成り立っていると言うとき、このことは火を消す
という水の特質だけに当てはまるのでしょうか、それとも水の他の特質

すべてに当てはまるのでしょうか。もちろん、このことは、例外なく水のすべての特質に当てはまります。このことは、大洋にも雨のしずくにも当てはまります。つまり、このことは、水全体に一般的に当てはまるのです。要素に分解する分析がもたらすことができるのは、結局のところ、その全体が持つあらゆる特質に当てはまる知識だけなのです。水全体の本性は、このような分析によって明らかにすることができますが、このような分析では、私たちが分析に求めていること —— すなわち、これらの特質の分解、これらの特質それぞれの原因、これらの個々の特質間の結合 —— を解明することはできないのです。つまり、水の特質を研究するという観点からは、この分析は、本質的に、言葉の本来の意味での分析ではないのです。

●単位に分解する分析：第一の特質

　このことが理解されるならば、**複雑な全体を単位に分解する分析とはいったいどのようなものか**を説明することは、容易になるでしょう。**なぜならば、単位に分解する分析は、まさに、要素とは相対立する特徴を持っているからです。要素に分解する分析は、要素の中に全体に固有な特質は含まれていないことを特徴としていますが、単位は、全体に固有なすべての基本的特質が、たとえ萌芽的な形であってもその中に含まれているような全体の一部である、という特徴を持っています。**

　たとえば、化学者にとっては、水は水素と酸素から成り立っているわけですが、物理学者は水の分子、水の内部の分子運動に向き合っています。つまり、最も微細な粒子と向き合っています。しかし、そうは言っても、水の粒子は、それによって水が構成されている要素ではありません。それゆえに、物理学者は、水を物理的な物体として出現させる一連の個々の特徴や、この物理的な物体が被る一連の変化を分析し、分解することによって、水の分子的特質から、個々の特徴や特質の間の結合を解明し、理解するわけです。

　もし、何らかの有機物の生化学的な定式［＝化学式］を取り上げるな

らば、この場合は要素に分解する分析になるでしょう。しかし、もし生命を、有機体の生きた細胞の生理学を研究するならば、その場合は単位［に分解する分析］になるでしょう。なぜならば、生きた細胞は、全有機体に固有の基本的特質をそれ自身の中に保持しているからです。単位となるのは、基本的に生きた細胞なのです。つまり、細胞は生まれ、栄養を摂取し、新陳代謝があり、死滅し、変化し、病気にもなったりします。言い換えるならば、私たちは、細胞において、要素ではなく単位と関係しているわけです。

単位の第一の特質は、分析によって取り出されるのは、全体に固有の特質を失っていない全体の部分だ、という点にあります。複雑な物体を取り上げ、それを分析によって個々の部分に分解し —— 実際にでも抽象的にでも、どちらでも同じことですが —— 、そののちに、全体に固有の基本的特質をそれ自身の中に保持している部分が得られるような、あるぎりぎりの分解にまで到達することを想像してください。たとえば、水の分子は、それ自身の中に水の基本的特質を保持しています。生きた細胞はそれ自身の中に、すべての生き物の、すべての有機体のいくつかの基本的特質を保持しています。細胞とその活動、これら細胞からの組織の構成、これら組織からの器官の構成について、私たちに理解をもたらす分析や、あるいは、水の分子、水の分子張力と分子運動についての研究をもたらす分析 —— このような分析手法は、その結果として、全体に固有の特質を失っておらず、きわめて単純化された形ではあるが、それ自身の中に全体に固有のすべての基本的特質を保持しているような部分をもたらしてくれるのです。たとえば、細胞の栄養摂取と人間の身体の栄養摂取を比較することはできませんが、それにもかかわらず、細胞の栄養摂取には、生きているものの基本的な要素が存在しています。このことは、この分析と他の分析との最も重要で基本的な違いなのです。

　私は、［あとで、］児童学の領域から具体的な例、事実を引用しましょう。それによって、皆さんも、この分析と他の分析との明確な違いを知ることでしょう。

●単位に分解する分析：第二の特質

　この分析の第二の特質は、単位に分解する方法を用いる分析は化学的分析のような一般化ではない、という点にあります。この分析は、当該の現象全体の本性のすべてに向けられるのではありません。この分析は、何らかの複雑な全体の個々の側面の様々な特質を説明するための分析、分解なのです。だからこそ、この分析は、言葉の本来の意味での分析なのです。たとえば、私は、人間という有機体全体の生活のすべてを解明するのではなく、たとえば、人間という有機体のある種の機能、たとえば栄養摂取を解明したいと思っています。そのためには、私は、どのような方法に訴えなければならないでしょうか。有機体全体の分析でしょうか、それとも、有機体の活動の中の何らかの一定の側面の分析でしょうか。［もちろん、］一定の器官、一定のシステムの分析です。今度は、私は、生活活動の別の側面を説明したいと思っています。私は、別の側面の分析に訴えるはずです。分析によってもたらされるのは、太平洋にも雨のしずくにも等しく当てはまる水の化学式のようなものではありません。分析によってもたらされるのは、ある場合には消化を、別の場合には血液循環を、つまり、ある場合にはなぜ水が火を消すのかを、別の場合には、なぜ物体が水に沈んだり浮いたりするのかを説明するものなのです。したがって、この分析こそがまさしく分析なのです。つまり、この分析によって、より簡単な形で、当該の全体に固有なある種の基本的特質の研究が可能になるのです。具体的な例に移りましょう。そうすれば、このことがはっきりするでしょう。

3　言葉の発達の生得論と経験論による分析の不毛性

●遺伝の要素と環境の要素への分解とその対立

　児童学においては、とても長い間、発達は二つの原因 ―― 遺伝と環境 ―― に依存しているという考えが支配していました。この点では、誰も論争をしようとしません。言わば、どの発達の化学式も遺伝と環境

ということになります。これは正しいでしょうか。**文句なく正しいよう**に思われます。このことは、すべての発達全般に当てはまるのでしょうか。はい、化学式が水全般に当てはまるのと同様です。［そうだとすると、］発達およびその個々の各局面を遺伝の要素と環境の要素に分解することに基づく分析を適用しようとしたときには、水の具体的な特質 ―― 火を消すという特質 ―― を水が水素と酸素から成り立っていることで説明しようとした場合に、そこで遭遇するであろう状態とまったく同じ状態に遭遇することになるでしょう。なぜならば、［そのような分析は、］全体としての発達に固有な特質をもはや保持していない要素に出会う、ということだからです。たとえば、子どもの言葉を取り上げてみましょう。言葉をどのように説明したらよいでしょうか。言葉に関しては、常に二つの見解が存在していました。生得論と経験論です。生得論は、言葉は先天的な、遺伝的に根拠づけられた機能であると主張していました。経験論は、言葉は経験に由来すると主張していました。生得論者たちは次のように主張していました。脳の言語領野が未発達の子どもを連れてきて、最良の条件の下で ―― 雄弁家たちに囲まれて ―― 生活させてみなさい、［そのようにしても］子どもは話すようにはならないでしょう、と。つまり、言葉は遺伝的な萌芽から発達するというわけです。他方、経験論者たちは次のように主張していました。発達した言語領野を持つ子どもを連れてきて、聾唖者たちと一緒に生活させてみなさい、［そのようにすれば］子どもは決して話すようにならないでしょう、と。つまり、言葉は環境により、経験により発達するというわけです。空間の知覚に関しても、また発達のほとんどすべての側面に関しても、まったく同じように論争がおこなわれました。科学は、最初のうちはこれらの対立だけを見ていたのです。

●遺伝の要素と環境の要素への分解とその輻輳

　こうして科学が袋小路に入り込んだとき、生得論と経験論を調和させようとした潮流が生じました。その場合、子どもの言葉は、一方では遺

伝的な萌芽から発達し、他方では環境の作用の下で発達する、と主張されるようになりました。これは正しいでしょうか。無条件に正しいです。しかし、これは、すべての発達全般に例外なく当てはまるように、言葉にも同様に当てはまるのです。それゆえに、私たちが発達全般について語っていた間は、発達は遺伝と環境によって決定されているという解釈の原理は、その限りでは、完全に私たちを満足させるし、また私たちにとって必要なわけです。

　しかしながら、私たちが発達の何らかの具体的な側面 —— たとえば、言葉 —— を、遺伝的な素質プラス環境の作用によって説明したいと思うや否や、そのときには、これを分けることは決してできないのです。なぜならば、遺伝的な素質そのものには、必ずしも言葉の出現それ自体は含まれていないし、子どもにとって外部たる環境には、言葉の出現の必然性が含まれてはいないからです。

　そこで、子どもの言葉は輻輳 —— すなわち、あれこれの作用の交差や組み合わせ —— によって発達する、と推察するようになったのです。その場合に、課題は次のように推察されたのです。すなわち、それでもやはり、子どもの発達におけるすべての作用は二つの要因 —— つまりは、一方では遺伝、他方では環境 —— の輻輳によって説明しなければならない、と。現実には、これらの問題の研究は、要素に分解する分析手法を放棄する必要性をもたらしました。なぜでしょうか、またどのようにしてなのでしょうか。

　何よりもまず、このような研究方法の不毛性が明らかになりました。言葉は遺伝と環境の相互作用^{訳注2}により発達します。しかし、同じことは、子どもの他のすべての特質に当てはまります。身長は環境の作用と遺伝に依存しているし、子どもの体重もこれに依存しているし、子どもの遊び、その遊び活動もこれに依存しています。子どもの発達におけるどの側面を取り上げたとしても、それは常に遺伝と環境に依存していることがわかります。つまり、私たちは、発達に関するあらゆる問題に対して、それは遺伝と環境に依存している、というただひとつの答えを手

にするだけでしょう。その際に、この場合は環境への依存が大きく遺伝への依存は小さいが、この場合は遺伝への依存が大きく環境への依存は小さい、と言うことはできるでしょう。［しかし、］このような分析によっては、目的にかなうものを何も明らかにすることはできないでしょう。

　分析は、たとえば言葉の発達の研究に対して、別の方法でどのようにアプローチすることができるのでしょうか。言わば、**言葉は、環境にも遺伝にも依存しているとても複雑な全体です。しかし、このことは、言葉の際立った特質ではなく、子どもの発達のすべての側面に特有のものです。**

4　単位としての言葉の局面の分析

●言葉の単位としての音素：意味を持つ音

　いったい、子どもの言葉の発達をどのように分析すべきなのでしょうか。子どもの言葉の中には、要素ではなく単位である特別の局面が存在する、ということに何よりもまず立脚しなければならないと思われます。すなわち、それらの局面とは、細胞が有機体それ自体に固有な特質を自らの中にある種の原初的な形で保持しているように、言葉それ自体に固有な特質を、自らの中にある種の原初的な形でまだ保持している局面のことです。

　具体的な例を取り上げましょう。言葉の音声的な側面です。古い言語学では、言葉の音響的側面がどのように研究されていたのか、［皆さんは］おそらくご存知でしょう。言葉は、言葉を構成している音の観点から研究されていました[訳注3]。どの単語も、言葉を構成している個々の音から組み立てられている、ということを思い浮かべてください。このことは正しいでしょうか、それとも正しくないでしょうか。もちろん、正しいです。しかし、言葉が個々の音から、個々の文字から、つまり、要素から組み立てられているということが正しいとしても、そのときには、

一連の解決困難な問題が現れるでしょう。第一の問題は、言葉が個々の音から組み立てられているならば、そのときには、それゆえに、子どもの言葉の音声的側面がどのように発達するのかを研究するために、言葉を個々の音に分解し、いつ子どもの言葉の中に個々の音 —— a, б, в, гなど^{訳注4} —— が出現するのかを突き止める必要がある、ということです。しかしながら、音「a［ア］」、音「б［ブ］」、その他の音も、それ自体の中に、人間の言葉の音に固有な特質を音としてはまったく何も保持していないのです。なぜならば、これらの音は、オウムにも、話すことができる以前の赤ん坊にも存在しうるからです。それゆえ、その場合には、私たちは、音の特質 —— これらの音が発音される調音や調音運動に依存している物理的現象や生理的現象としての音響的な特質 —— のみを研究できるのです。

　ところで、人間の言葉の音は、自然界全体の中の他の音と何によって区別されるのでしょうか。人間の言葉の音は、私たちがそれによって一定の意味を伝達する音であるということ、言葉の単位は音それ自体ではなく、**意味を持つ音** —— つまり、意味を伝えるという特質を持っている音 —— であるということによって、自然界全体の中の［他の］音とは区別されるのです。私たちが発音する任意の言葉の音は、自然界に存在する他の任意の音 —— それらは、［私たちの言葉の音と］同じ秒当たりの振動数や、同じ長さや、ひと言で言えば、あらゆる［同じ］物理的特質を持ちうるのですが —— とは、いったい何が異なっているのでしょうか。人間の言葉の音は、それが一定の意味の伝達のために機能しているという点で際立っているのです。それゆえに、現代の研究は、言葉の単位は単なる音ではなく、**意味を持つ音**であるということを理解したわけです。このような意味を持つ音は、言葉に関する現代の研究においては、音素^{訳注5}と表示されています。すなわち、音素とは、**人間の言葉に固有の、まさに人間の音たる基本的な特質を失っていない、それ以上分解されない何らかの音の結合、時にはひとつの音、時には音の組み合わせ、ということになるでしょう。**

●具体的な例による音素の説明

　簡単な例を挙げさせてください。「ум［知能・知性］」と「отцу［父親
отецの与格で"父親に"という意味］」という二つの単語を取り上げましょう。
後者の単語［отцу］の末尾と前者の単語［ум］の冒頭において、私たち
は、同一の音「у［ウ］」に出会います。その物理的特質、生理的特質、
調音的特質によれば、両方の音は完全に等しく、同一の音です。しかし
ながら、こちらの音［отцуの「у」］は音素であり、言葉の単位なのです。
なぜでしょうか。皆さんに尋ねましょう。単語「отцу」の中でその末
尾に置かれた音「у」は、意味を持つ音でしょうか。「отцу」は何かあ
ることを意味していますよね。［それに対して、］単語「ум」の中の「у」
は、自分だけで、それ自体として意味を持つ音でしょうか。そうではあ
りません。つまり、私たちは、先の場合［отцуの「у」］では音素に出会
うのですが、こちらの場合［умの「у」］では音に出会うのです。私が単
語［この場合ум］を「у」と「м［ム］」のような音に分解する以上は、私
にとって、単語全体は一定の音の単なる偶然の組み合わせになります。
他方、私が言葉［この場合отцу］をここでの音「у」のような部分に分解
することができる以上は、私は、この音は、確かにきわめて萌芽的な形
ではあるが、それ自体の中に人間の言葉の何らかの基本的な特質 ――
つまりは、意味機能 ―― を保持しているということを理解します。［き
わめて萌芽的な形ではあるが、と言った理由は、］なぜならば、音「у」それ自
体は、対象やこの対象との何らかの関係を意味するものではなく、その
意味機能は、どちらかと言えば自立した性格を有しておらず、「отца」
「отцом」「об отце」などとの比較によって「отцу」の意味を差別化す
るのを助けている^{訳注6}、とても理解しにくい機能だからです。とはいえ、
これは音素なのです。これは単位なのです。そして、分析から次のこと
が明らかになりました。すなわち、**人間の言葉は、一方では発達するの
だが、他方では、音ではなく、音素 ―― つまりは、基本的な機能、ま
さに意味機能を遂行している音 ―― によってすでに発達した形で構成
されている、ということです。**

前者の言葉の分析は、何によって後者の分析と区別されるのでしょうか。次の点によってであると思われます。すなわち、前者の場合には、要素に分解され、しかも［その分解が、］それぞれの要素が全体に固有な特質を失っているような要素にまで至っている、という点です。**他方、後者の場合には、まだある種の原初的な形ですが、全体に固有な特質を保持している単位に分解されているのです。**人間の言葉の発達史は、たとえば言葉の発達を個々の音の側面から研究している限りは、私たちには、子どもの言葉がどのように発達するのかが理解できないということを示しています。［このような］研究は、なぜ子どもは一群の単語を発音するのに、別の一群の単語を発音しないのか、なぜ子どもは一群の文字や音を早くから発音するのに、別の一群の音はより遅く発音し始めるのか、私たちには決して理解できないということを示しているのです。要するに、もしこれらの単語のすべてが個々の音の偶然の組み合わせであるとしたら、2〜3歳の子どもがどのようにして母語の基本的な音声的蓄えを習得するのかを、私たちは決して理解できないのです。ところが、子どもは暗唱なしに、特別な反復なしにそれらを習得するのであり、言わば、構造的にそれらを身につけるのです。

　具体的な例を挙げましょう。皆さんは、赤ん坊の喃語には音「p［ル］」がとても早くに現れることを、おそらくご存知でしょう。シュテルン（Stern, W.）は、子どもの喃語では、「əp［エル］」、「pp［ルル］」の喃語形成がほとんど最初に現れると考えています。しかし、それと同時に、皆さんは、幼児の言葉においては音「p」がとても遅くに現れることもご存知でしょう。こうして、子どもは、喃語では音「p」をとても早くに獲得するのに、話し始めると、3〜5歳まで音「p」を発音することができない、ということになります。とはいえ、実際のところ、彼はずっと以前に音「p」を獲得しています。しかし、［3〜5歳頃には、］彼は、子どもにとっては音としてではなく、これらの音の意味的機能として困難を呼び起こす音素と関わっているのです。「y」と「a」を口に出している子どもが、まだ「отцу」と「отца」を区別できないといったこと

が起こります。なぜ彼は、「ぼくは、お父さんに［отцу］あげるんだ」と正しく言えないのでしょうか。彼が音「у」を発音できないからではなく、彼にはこの音の機能がまだわからないからです。音「р」に関しても同じことです。音「р」は、子どもにとってとても早くに可能です。しかし、その音は、ロシア語の成分の中で、子どもが遅くに獲得するきわめて複雑な意味機能を果たしているがゆえに、喃語の中では一番初めに出現し、子どもの話し言葉の中ではすでに遅くになってから現れるのです。私は、例として、子どもの発達のひとつの側面 —— まさに言葉 —— だけを取り出し、この言葉の中のひとつの局面 —— 言葉の音響的側面、話す能力の発達 —— だけを取り出しました。ご覧のように、その際に、私はもちろん分析に訴えました。私は、発達から言葉を分離し、言葉からその音響的側面を分離し、そして、音響的側面を一定の単位に分解することを試みました。それゆえ、分析があるわけです。しかし、この分析は、人間の言葉の音一般に固有な特質 —— つまりは、意味を有しているという特質 —— が保持されているぎりぎりのところに達しているのです。

5　言葉の発達における子ども自身の特性と環境要因との関係の分析

●子どもの言葉の発達は何に依存しているのか

　このことは何を意味しているのでしょうか。二つ目の例を挙げましょう。それは環境の研究です。環境のどの要素の意味も、この要素が子どもに対してどんな関係にあるのかによって異なるだろう^{訳注7}、という私の見解に皆さんは同意すると思います。たとえば、大人は子どものまわりで、子どもが6か月のときにも1歳6か月のときにも、同じように頻繁に、たくさんおしゃべりをします。しかし、変わっていない同じ言葉が、6か月でも1歳6か月でも同じ意味を持っているのでしょうか。意味は異なります。つまり、**環境のそれぞれの要素の作用は、この要素そ**

れ自体の中に存在しているものにではなく、**この要素が子どもに対して
どんな関係にあるのかということに依存するようになるのです。そして、
環境の同一の要素の意味は、この要素が子どもに対してどんな関係にな
るのかによって異なるでしょう。**周囲の人々の言葉は、子どもが1歳の
ときにも3歳のときにも変わることなく、同じでしょうが、しかし、発
達にとっての言葉の意味は変化するでしょう。

　それでは、こうしたことがいかにしばしば生じていたのか、言葉は何
に依存しているのかを私が取り上げ、研究するということを想像してく
ださい。子どもたちの言葉は違ったふうに発達します。一群の子どもは
より早くに、より上手に話し始め、別の一群の子どもはより遅くに、よ
り下手に話し始めます。一群の子どもは発達が遅れていて、別の一群の
子どもは先に進んでいます。これがなぜなのかを説明したいと思う際に
は、子どもの言葉の発達が何に依存しているのかが話題になります。第
一に、周囲の環境です。もし周囲の環境の中に豊富な言葉があり、子ど
もと頻繁に、たくさん会話が交わされるならば、その子どもは、言葉に
関して早く発達するチャンスを持っているわけです。他方、もし周囲の
環境の中に貧弱な言葉しかなく、子どもとわずかしか会話がなされない
ならば、その子どもはより劣って発達するでしょう。つまり、[子どもの
言葉の発達は、]**第一に言語環境に、第二に子ども自身の知能に依存して
いるのです。**もし子どもが聡明で、呑み込みが早く、記憶力がよければ、
その子どもは言葉をよりよく習得するでしょう。他方、もし子どもが聡
明ではなく、呑み込みが遅く、思慮が足りなければ、その子どもが言葉
を習得するのに時間がかかるでしょう。言葉の発達をこれら二つの原因
から説明することが試みられたり、両方とも要素に分解されたり、1日
あるいは1時間に子どもの耳に降り注ぐ単語の数量が取り出され、計算
されたり、また、こうしたことが子どもの言葉の発達の違いを本当に説
明するのかどうか、解明することが試みられました。まったくそうでは
ない[＝見当はずれだ]、ということが判明しました。なぜならば、決定
的な要因は、環境それ自体や知能それ自体ではなく、**子ども自身の言葉**

と環境の言葉との関係だからです。たとえば、もし子どもが進んで話を
し、周囲の人々と交流することを喜んでいるならば、その子どもには言
葉への欲求があります。これがひとつの事態です。もし子どもが、周囲
の人々に対して敵意の感情を持っていて、閉じこもっているならば、ど
の言葉もその子どもを不快にするでしょう。これはまったく別の事態で
す。したがって、決定的なのは、やはり要素ではなく単位なのです。つ
まり、子ども自身の特性と環境的な要因との関係なのです。もしそのよ
うな単位が発見されるならば、それは^{訳注8}、言葉の発達全体に固有なも
の ── すなわち、環境的な要因と子ども自身の特性に由来する個人的
な要因との関係 ── を、それ自身の中に保持しているでしょう。

●単位に分解する方法による関係の研究へ

　そんなわけで、単位の方法を用いる研究によって、私たちは、関係を
研究することへ、要素に分解されず、自らの中に最も単純な形でこれら
要素の関係を保持している単位 ── つまりは、この場合に、発達にお
いて最も重要であるもの ── を研究することへと導かれるのです。私
が思うには、私の講義のこの部分の説明が皆さんに呼び起こす困難さは、
私がこの方法を抽象的に説明しているからにほかなりません。次回の講
義で環境と遺伝の問題が検討され、児童学的な遺伝研究は、遺伝学や生
物学での遺伝研究と何が異なっているのか、児童学的な環境研究は、衛
生学での環境研究と何が異なっているのかが明らかにされるとき、皆さ
んには、児童学に固有な分析の意味が明確になると思います。児童学は
私が述べている方法 ── すなわち、単位に分解する方法 ── を用いて、
遺伝も環境も研究しているのですが、他方、前者［＝児童学］と後者［＝
遺伝学、生物学、衛生学］では研究課題が異なっている以上は、これらの
科学のどれもが異なった遺伝研究と環境研究の方法を用いている、とい
うことがわかるでしょう。たとえば、衛生学と遺伝学は、要素に分解す
る分析方法を適用して遺伝と環境を研究しています。このことは、これ
らの科学の課題に合致しているのです。それゆえ、次回に環境と遺伝に

関する学説に具体的にアプローチするときには、最初は抽象的な形で出会うしかない私たちの方法 ―― ［ここまで説明してきた児童学の研究方法］ ―― の第一の特性［＝統一的方法］が、私たち皆にとって、明確なものになると思います。

　そして今、さらに私は、児童学的方法を特徴づける第二の特性に言及したいと思います。この特性はより単純で、他の学問分野の、皆さんがすでに知っている方法と関係しているので、いっそう容易でわかりやすいでしょう。

6　臨床的方法

◉対症的方法から臨床的方法への移行

　児童学的な研究方法の第二の特性 ―― それは、この用語の広い意味における臨床的方法（клинический метод）ということです。児童学は臨床的研究方法を用いていると言うときに、私たちが何を念頭に置いているのかを説明しようとするならば、次のようにすれば、その説明は何よりも容易でしょう。すなわち、一方で、児童学での臨床的方法と病院での対応する方法［＝臨床的方法］とを比較し ―― 両者はまったくよく似ています ―― 、さらには、他方で、臨床的研究方法と対症的方法とを対比するということです。

　皆さんは、病院では臨床的方法が発達する以前には、対症的医学の方法が支配していたということ、つまり、病気ではなく、その症状、その特徴、その外面的な現象形態が研究されていたということをご存知でしょう。病気は、それらの症状によってグループ化され、分類されていました。ある症状 ―― たとえば、咳 ―― を伴う病人はある病気群に属し、別の症状 ―― 頭痛 ―― を伴う病人は別の病気群に属していました。どの科学においても、まったく同様に、それが実際に科学的に仕上げられる以前には、徴候［＝症状］の研究に基づいた純粋に経験的な方法が支配していました。それゆえに、すべての科学は徴候の研究、外面的な

現象形態の経験的な研究という自らの道を通っているのです。たとえば、植物学、動物学においては、ダーウィン（Darwin, Ch. R.）以前には、植物や動物は外面的な特徴によって、［たとえば、］葉の形によって、花の色によって分類されていましたが、ダーウィン後には、起源の共通性に基づいて、発生的特徴に基づいて分類されるようになりました。なぜならば、これらの特徴の形成に導いた過程がわかるようになったからです。

　まったく同様に、医学においても、対症的医学に取って代わった臨床的医学の支配が次の点に表れています。すなわち、外面的な特徴それ自体を研究するのではなく、これらの症状の発生をもたらしている過程、これらの症状の背後にある過程を研究するようになった、という点です。そして、そのときに、同じ症状を持つ病人が異なる過程を持ちうるし、同じ過程を持つ病人が異なる症状を持ちうる、ということが明らかになりました。つまりは、外面的な現象形態の研究から、これらの外面的な現象形態の背後にあって、それらの起源、それらの発生の原因となっている過程の研究へと移行する可能性が開かれたのです。

　まさに同じことが児童学にも存在します。**初期の児童学はやはり徴候の科学でした。それは子どもの発達の、子どもの知的発達の、子どもの言葉の外面的な特徴を研究し、これこれの歳に子どもにはこれこれの特徴が現れる、ということ確認していました。初期の児童学は、すべての徴候の科学と同様に、もっぱら記述的で、なぜこの特徴が出現するのかを説明できませんでした。**ソビエト児童学の中にさえ、児童学自身を年齢的な徴候 - 複合 —— すなわち、ある年齢を識別する特徴の総和 —— に関する科学と定義することを提案していた研究者たちがいました。しかし、皆さんは、特徴ないしは徴候の研究は、科学のより一般的な課題に、その構成部分としてのみ加わっている、ということをよく理解しているでしょう。科学が特徴を研究するのは、これらの特徴の背後にあるものを見抜けるようになるためです。たとえば、**病院の場合には病理学的な過程を研究し、児童学の場合には発達の過程を研究するためなのです。**これは次のことを意味しています。すなわち、私たちは、子どもの

発達の研究と観察において得られる例外なくすべての特徴を、もっぱら発達の徴候として見なしますが、それだけでなく、これらの徴候を解釈し、比較することによって、これらの徴候を引き起こす発達の過程に行き着かなければならない、ということです。

こうして、**児童学**は子どもの発達研究に際して臨床的方法を用いる、と私が述べるとき、**これによって、私は次のことを言いたいのです。すなわち、児童学は、子どもの発達において観察されるすべての外面的な現象形態に対して、[それらを]もっぱら特徴としてアプローチをするということです。[その上で、]児童学は、それらの背後に、これらの徴候の出現をもたらした発達の過程それ自体がどのように進行し、どのように実現されていたのかを探るのです。**

●神童と天才児：徴候の背後にある発達過程の違い

たとえば、皆さんは、前回［の講義］において、私たちが子どもの知的発達をどのように決定するのか、すでにご存知ですね。私たちは、パスポートによると子どもは6歳だが、知的発達は9歳あるいは12歳だと知るでしょう。私たちには、この子どもは知的発達に関して4歳［3歳？あるいは6歳？］進んでいる、ということがわかります。いったい、これは児童学的診断でしょうか。これで、児童学的研究の課題は完了するのでしょうか。そうではありません。私たちは、このことが生じたということを確認しただけです。他方、なぜこのことが生じたのか、それを理解するのは、次のことが解明された場合のみです。すなわち、子どもの発達過程の中で、いったい何が実現されていたのか、子どもの発達過程が、知能に関して3歳ではなく12歳の子どもに特有の特徴を現すところまで、いったい何が導いたのかということです。このことは、様々な原因によって生じうるのです。

私たちは、しばしば、自分の年齢以上に才能のある子どもに出会うことがあります。私は、この講義のひとつで、何人かのこのような子どもを示したいと思います。子どもが連れてこられると、皆さんは、この子

どもは自分の年齢以上に知的に成熟している、と言うでしょう。どうして
てこんなことが起こるのかが問われます。このようなことは、一群の子
どもたちにおいて、いわゆる加速的発達によって起こることが判明して
います。すなわち、これらの子どもたちは、ただ、自らの発達の道を非
常に加速的なテンポで走り抜けているのです。ある子どもが8歳で到達
するものに、別の子どもは6歳で到達するのです。この子どもは、すで
にその能力を持っているわけです。しかしながら、この加速的発達は、
そののちに発達の遅滞を伴ったり、あるいは、その後の遅滞をもたらし
はしないが、それ自体としては、私たちの前にいるのは本当に才能のあ
る子どもではない、ということを意味したりするのです。

　加速的発達を伴うこれらの子どもの極端な典型例は、皆さんもおそら
く耳にしたことがある「神童」の子どもです。神童とは、きわめて早い
年齢で、何らかの並外れた才能 ―― 音楽の、美術の、数学の才能 ――
によって、皆さんを驚かす子どものことです。

　しかし、神童とは、加速的発達を伴う普通の子どもなのです。5歳の
時に、彼は私たちを驚かせます。その時に、彼は本当に私たちを驚愕さ
せるのです。なぜならば、5歳なのに、たとえば、通常は19〜20歳の
青年ないしは大人に特有な数学の知識を示すからです。ここでは何が異
常なのでしょうか。異常なのは、数学の才能それ自体ではなく、こんな
小さな子どもに数学の才能があるということです。そんなわけで［＝そ
れは小さい時の才能なので］、大多数の神童は、平均的な人間ないしは平均
以下ですらある人間のままで終わるのです。子どもの時に傑出した音楽
家、優れた数学者、秀でた画家になることを約束された大多数の神童が、
そののちに、しばしば平均的な音楽家、平均的な数学者、平均的な画家
になれないどころか、いっそうしばしば、平均以下の人間になるのです。
なぜならば、このような発達の加速化それ自体は、好ましくないことを
もたらす発達の病理的形式の、変則的な発達の現れのひとつだからです。
ドイツの作曲家のリスト (Liszt, F.) は、次のように述べて、神童のこの
ような特性を、すこぶる機知に富んだ警句で表現しました。すなわち、

神童とは、すべての未来を過去に持っている子ども、つまり、自らの未来の路線に沿ってきわめて早くに先回りをした子ども、しかし、言葉の真の意味でこの未来がない子どものことである、と。

　しかし、まだ幼い年齢で、はるかに年長の年齢期に特有な知的発達を現す子どももいます。彼らは、正真正銘の未来の才能ある人、本物の未来の天才だという点が、上述の子どもとは異なっています。

　そこで、発達のあれこれの形式の徴候は同じであったとしても、未来の天才児と未来の神童 —— つまり、未来のあだ花 —— とを区別する必要性が生じます。これは、どのようにしたらよいのでしょうか。徴候は同一なのです。ひとりの子どもが皆さんのところに連れてこられます。この子どもはIQ^{訳注9}（パスポート年齢に対する知的年齢の比率）1.9を示し、［パスポート年齢では］10歳で、［知的年齢では］19歳を示しています。別の子どもも同じIQを示しています。しかし、前者は未来の神童で、後者は未来の天才児です。どのようにこれを区別したらよいのでしょうか。二つの類似の徴候的様相を互いに区別しなければならない場合に、私たちが対処するのと同様です。私たちはこんなふうに述べて、弁別できる徴候を探します —— これらの特徴によれば、二人の子どもは似ている。彼らがお互いに似ていない特徴、私たちが彼らを区別できる特徴を探さなくてはならない —— と。とりわけ、これらの子どもに関しては、次のような一般的特徴があります。［一方で、］加速的発達を伴う子ども、あるいは極端な場合には神童は、より年長の年齢期に特有な徴候の存在によって私たちを驚かすのですが、他方、本当に天賦の才能に恵まれた、傑出した、天才的な子どもは、彼自身の年齢期に特有な徴候 —— ただし、その完璧で、内容豊かで、生き生きとした、力強い発達に達している徴候 —— の存在によって、私たちを驚かすのです。もしこのように言ってよければ、**神童は、その発達の中に年齢層を先回りする徴候が存在していることによって特徴づけられるのですが、他方、正真正銘の、傑出した、天賦の才能に恵まれた子どもは、その発達において、当該の年齢期に固有な特徴が支配的であることによって、ただし、この年齢期**

が並外れて創造的に、豊かに体験されていることによって、特徴づけられるということです。

◉天才児の具体例

　具体的な例を引きましょう。私たちの調査で、この場合男の子、たまたま発見された天才的な男の子がいました。男の子は8歳10か月です。彼は、今、高等数学分野のいくつもの科目を習得しています。もし皆さんがこの子どもを調査すれば、彼が皆さんを驚かすのは、彼が9歳で数学に関する20歳の学生の、ないしは25歳の助手の、ないしは30歳の助教授の成熟した知能を獲得しているからではない、ということがわかるでしょう。彼は、確かに、このような高等数学に関係していて、この点では、すべての9年制中等学校に特有の知性の特性を示しています。でも、彼が皆さんを驚かすのは、9歳の知能のこれらの特性が天才の極限にまで達しているからなのです。このことは、大人の天才が、30歳で90歳の老人に特有な老練さを示すからではなく、30歳の年齢期の同じ特性が天才の次元にまで達しているから私たちみんなと区別される、ということとまったく同様なのです。

　［次の］例では、およそ4歳ないしは5歳のこの男の子は、分数を通分する仕方を独力で発見しています。彼は、3/4から1/3を引くといくら残るのかを母親が父親に尋ねていた様子を耳にしました。誰も分数の引き算を教えていないにもかかわらず、男の子は、どういう結果になるのか、何が残るのかを理解し、語ったのです。詳しく聞き出したところ、彼は以前に独力で通分の仕方を発見し、どのようにしたらよいのかを自分の頭で理解した、ということがわかりました。この年齢の子どもに分数の引き算を伴ういくつかの簡単な操作を説明すれば、どの子にもそれが可能なのか、と皆さんが私にお尋ねならば、レーマン（Леман）^{訳注10}やその他の人の実験によって、それは可能だ、ということが示されています。しかしながら、この子どもは、独力でこの計算の仕方を発見したのです。一連のこのような徴候を知ると、皆さんは、皆さんの前に本当

に天才的な子どもがいるということ、つまりは、加速的発達を伴う子どもの場合とはまったく別のタイプの発達が存在する、ということを確信するでしょう。

　私がこれらの事例を引用したのは、**児童学は、常に、徴候それ自体を研究するのではなく、徴候の研究を利用することによって、これらの徴候の背後にある発達過程の研究に到達しようと努めている、ということを示す**ためです。それだからこそ、児童学は、発達のそれぞれの段階で、発達のそれぞれの特徴によって、発達過程を類別するのです。この意味で、児童学の方法は臨床的方法 —— つまりは、発達過程の特殊な現象形態から、これらの発達過程そのものの研究へ、その本質の、その本性の研究へと進む方法 —— と称されることができるし、称されるべきなのです。

7　比較‐発生的方法

　児童学的方法を特徴づける第三の特性は、**児童学的方法の比較‐発生的な性格**と呼べるものです。

　すべての臨床的分野が、自らの対象の研究に必ずしも発生的方法を用いるとは限りません。それどころか、多くの臨床的分野は別の方法を用いています。しかし、発達を研究する児童学は、ほかならぬ自らの本質として、比較‐発生的方法（сравнительно-генетический метод）を用いないわけにはいかないのです。

●年齢による比較切断法

　このことは何を意味するのでしょうか。何らかの発達過程を研究する場合、私たちはどのように行動するでしょうか。たとえば、胚発生の道筋を直接に観察することができるでしょうか^{訳注11}。受胎の瞬間から誕生の瞬間まで、母親の胎内で胚の旅がどのように進行するのかを直接に追跡できるでしょうか。もちろん、できません。この道筋を研究するため

に、私たちはどのように行動するのでしょうか。胎児を取り出して、比較切断法（метод сравнительных срезов）によって、1週目、2週目、3週目、4週目……等に、何が起こったのかを研究します。つまり、あたかも発生のそれぞれの地点を取り出して、それらを互いに比較し、何があったのか、どうなったのか、子どもは何から何に至ったのか、子どもはどんな原因で、どれくらいの期間で、どのような道筋で発生のある地点から別の地点へと到達したのか、途中でどんな出来事が起きたのかについての知識を得るのです。児童学も、まったく同様な比較年齢切断法［＝年齢による比較切断法］を利用します。

　子どもの知能の発達、子どもの記憶の発達、あるいは子どもの成長を、ありのままの形で直接に観察できるでしょうか。できません。私たちは、子どもの知能の発達を今および半年後、さらに半年後、またさらに半年後に比較し、それによって、子どもは8歳でこれこれの特性を獲得し、12歳でかくかくの特性やしかじかの特性を獲得する、ということを比較できるだけです。この子どもに1歳半で、9歳で、9歳半で何が起こったのかはわかっています。それで、私は、子どもがどのような道筋によって8歳から12歳まで進んだのかを理解するわけです。言い換えるならば、**私は、異なる年齢段階での発達の光景［＝様相］を比較するのです。この比較は、子どもの発達の性格や筋道に関する知識を得る基本的方法なのです。**しかし、私はこの比較を任意の順序ではなく、発生的順序でのみおこなうので、そのときに、比較‐発生的方法が関係しているわけです。たとえば、病院では同じような比較法が用いられ、たとえば、ある病気が別の病気と比較されます。これは比較‐発生的方法になるのでしょうか。いいえ、なりません。なぜならば、病院では、病気の過程の様々な形式が互いに比較されるのですが、比較‐発生的方法では、私は、子どもの発達の様々な形式を互いに比較する ── このことは私もおこないます ── だけでなく、主として、**その子どもを、異なる発達段階で、ほかならぬその子ども自身と比較するのです。つまりは、子どもの発達の様々な段階が、私の比較の対象なのです。**この意味で、児

童学は自身の研究において比較 - 発生的方法を用いる、と言われるわけです。**児童学は、あたかも、異なる年齢段階での発達を比較するための切断面を作り出すのです。**そして、それらを互いに対比することにより、子どもがどのような発達の道筋を通ったのかを思い描くための手段として、比較を利用するのです。

●言葉の発達に見る比較 - 発生的方法の具体例

　このことを具体的な例で説明させてください。たとえば、私は、子どものパスポート年齢が0と表示される誕生の瞬間には、子どもには言葉がなく、子どもは物言わぬ存在だ、ということを知っています。6歳で子どもにはすでに発達した言葉があり、子どもは母語を基本的に正しく獲得しています。今、私は、この言葉の発達の道筋を研究したいと思っています。そのために、私は、3か月で、5か月で何が起こるのか、1歳で、1歳半で、2歳で、2歳半で何が起こるのかを研究します。そうしたら、私は、たとえば、およそ3か月頃に子どもには言葉と関連する指示身振りが現れる、ということを知るでしょう。さらには、およそ6か月頃に子どもには、分化した喃語が少し早くに現れ、もっとあとになって最初の語が現れ、子どもはいくつかの語を話し始めるのです。およそ2歳頃に二語文などが出現します。このことは、何を私に明らかにしているのでしょうか。新しく現れたものと、古いものの中から消えたものとを比較することにより、私はもはや、発達の全光景を手にするのです。私は、どのようにして子どもが言葉のない存在から言葉の発達に到達したのか、ということを単に確認するだけではありません。私は、どのようにして子どもが叫び声を上げるようになり、そのあとで喃語をしゃべるようになったのか、そのあとに喃語が消えたこと、次には、かくかくしかじかの順序でこれこれが出現したこと、一方のものが他方のものに依存していること、このような道筋によって、このような法則性によって子どもは言葉に到達したのだ、ということを理解するのです。様々な年齢段階で子どもの言葉を比較することにより、私はいつでも、

何が消えたのか、何が新しく現れたのか、新しく現れたものはそれ以前に現れたものとどのような依存関係にあるのかを理解するのです。このような比較切断法によって促され、このような発生的な比較法によって進んでいくことで、私は、子どもの発達の道筋を理解する可能性を手に入れるのです。

　児童学では、比較法はさらに別の次元でも、その方法がすべての臨床分野で適用されているという意味でも —— まさに、私が、子どもをほかならぬその子ども自身と比較するのではなく、様々な発達のタイプを持つ子どもをお互いに比較する場合にも —— 用いられます。その場合に、これは比較法になるでしょう。たとえば、本日、臨床的方法の例を取り上げたとき、私は、天賦の才能に恵まれた子ども、あるいは天才的な子どもは、加速的発達を伴う子どもとは別様に発達するということを示すことに努めました。私は、子どもをほかならぬその子ども自身と比較するのではなく、他の子どもたちと比較しました。これもひとつの例ではあります。しかし、この例には、臨床的方法を用いるすべての科学に特有ではあるが、児童学にとって典型的なものは何も含まれていません。徴候の背後にあって直接に観察されないある種の過程を、臨床的方法を用いて研究するすべての科学はどれも、否応なしに、これらの過程の流れの様々な形式を識別しなければなりません。それゆえに、このような比較、このような比較法の適用は、児童学にとって何か専用の、何か特別のことではありません。しかし、私が述べたように、年齢的発達への比較・発生的方法の適用は、児童学の固有な特徴なのです。

8　まとめ

　ここで、これまで私が述べたことを要約させてください。私はすでに皆さんに、児童学を含めてすべての科学はそれ自身の独自の研究対象を持っていて、まさにそれゆえに、この対象の研究のためにそれ自身の方法ないしは手段も持たなければならないということ、そしてまた、この

手段は、当該の科学によって研究される対象の特性によって決定されている、ということを述べてきました。それ自身の対象の特性との関連で、児童学は自らの特別な方法 ── 私が皆さんに語ることに努めたように、**三つの基本的な局面によって特徴づけられる方法 ──** を入念に作り上げています。**第一の基本的な局面は、それは、子どもを統一的に研究する方法だということ**であり、統一的な研究とは、全面的な研究とか、分析を排除する研究だとか理解してはならず、分析の独自のタイプ ── まさに、要素への分解ではなく単位への分解方法を用いる分析 ── のことだと理解しなければならない、ということです。この点は本日の講義の難しい部分ですが、単位に分解するこの方法を具体化している、児童学での環境と遺伝に関する学説を検討する次の講義のあとには、おそらく皆さんにとって、この点はいっそう理解でき、いっそう具体的になることでしょう。一方で、他の科学は同じ対象を別の方法で研究するので、そのときに、皆さんには、それらのタイプの分析の違いが明らかになるでしょう。

　児童学的方法の第二の特性は、それは、個々の年齢期の徴候の背後にある発達の過程を研究するという意味で、臨床的性格を有しているということです。

　そして、児童学的方法の第三の特性は、それは、個々の年齢段階での子どもの発達の特質を研究し、これらの個々の年齢段階をできる限り狭い時間間隔で互いに比較し、まさにそのことによって、発達において子どもがある段階から別の段階へと移行する道筋の解明へと私たちを導くところの、比較‐発生的方法であるということです。

　これこそは、児童学的研究の方法を特徴づける三つの基本的な特性なのです。セミナーの授業と実践的授業の中で、私たちは、研究の方法上の一連の個々の手立てについて知識を得ました。とても多くの手立てがあるわけです。たとえば、子どもの身体的発達の研究の、子どもの知的発達の研究の、知的発達における個々の機能や側面の研究の、子どもの言葉の研究の手立てや、子ども研究の方法などです。しかし、これはも

はや方法ではなく、方法体系（методика）^{訳注12}です。つまり、あれこれ
の方法を実現させる技術的な手立ての一定のシステムなのです。しかし
ながら、この方法体系を正しく適用できるのは、本日私が述べてきた方
法そのものの原理を理解している場合だけなのです。なぜならば、［そ
の場合には、］児童学におけるどの方法体系も、私たちが［最初には］もっ
ぱら徴候を採用し、そのあとでこれらの徴候を解釈することによって、
言葉の本来の意味での発達診断に到達することへと導いてくれるからで
す。

【訳注】

訳注1　コロターエヴァ他編『児童学講義』に収録された版では、この文の前に、
　　　前段での内容を受けて、「これはどれも消極的な定義です」という文が編集者
　　　によって補足されている。統一的方法が、「全面的な方法を意味するのではな
　　　い」「分析を排除する方法ではない」という否定形によって定義されているの
　　　で、「消極的な定義」というわけである。後続の文に意味をつなげる親切な補
　　　足ではあるが、邦訳は補足文を訳さずに、元の速記録のままにした。なお、こ
　　　の訳注での下線は訳者による。

訳注2　元の速記録では「作用により（из влияния）」という語が、コロターエ
　　　ヴァ他編『児童学講義』の中では、編集者によって「相互作用により（из вза-
　　　имодействия）」という語に訂正されている。この方がより適切に思われるの
　　　で、邦訳は訂正に従った。

訳注3　元の速記録では「音の観点から（с точки зрения звуков）研究されてい
　　　ました」という語句が、コロターエヴァ他編『児童学講義』の中では、編集者
　　　によって「音が（звуки）研究されていました」という語句に訂正されている
　　　が、特に訂正の必要はないと思われるので、邦訳は元の速記録のままにした。

訳注4　а, б, в, г は、文字の名称としてはそれぞれ「アー」「ベー」「ヴェー」
　　　「ゲー」であるが、ここでは音についての言及なので、それぞれの音の表記は
　　　「ア」「ブ」「ヴ」「グ」となる。

訳注5　音素（фонема）とは、意味を区別するはたらきを持つ音声上の最小単

位のこと。

訳注6　ここで、「отца」は生格または対格で「父親の」または「父親を」という意味を、「отцом」は造格で「父親によって」という意味を、「об отце」は前置格で「父親について」という意味を、そして「отцу」は与格で「父親に」という意味を、さらに主格は「отец」で「父親は」という意味を担っている。「格」とは、文中で（話し言葉や書き言葉の中で）名詞が果たしている役割を表すための仕掛けであり、ここでの例のように、名詞の語尾変化によって、その名詞が文中で担う意味の違いが表現されている。したがって、論文の中で例に挙げられている「отцу」の語尾「у」は、単なる音ではなく、「отец」という名詞に与格としての意味を付与している音素だということがわかる。

　　なお、ここで例示したそれぞれの格が担っている意味──「〜の」「〜を」「〜によって」「〜について」「〜に」「〜は」──は、最も基本的なものだけであり、その他に様々な使い方、様々な意味があるということを補足しておく。

訳注7　ここで、「異なるだろう」と訳出した箇所は、原文では「будет равное（同じだろう）」となっているが、これは明らかに「будет разное（異なるだろう）」の誤植だと判断した。なお、この訳注での下線は訳者による。

訳注8　ここで、「それは」と訳出した箇所は、原文では「он」という男性代名詞となっているが、これは前段の「единица（単位）」を受けてのものなので、明らかに女性代名詞「она」の誤植だと判断した。

訳注9　ここでは「IQ」と記載されているが、コロターエヴァ他編『児童学講義』の中では、これは「JQ」となっている。本文の説明では、これは、明らかにシュテルンによって導入された知能指数（IQ）のことである。シュテルンは、知的年齢（精神年齢）をパスポート年齢（暦年齢）で除した商を知能指数としている（今日のように100倍していない）。したがって、『児童学講義』の中でのJQはIQの誤植だと判断した。しかし、どうして2か所も誤ってJQとなっていたのか、単純な誤植なのだろうか不可解な思いも残る。あくまで推測にすぎないが、誤植の理由として考えられるのは、当時はまだ普及していたドイツ文字のフラクトゥーア（Fraktur：ひげ文字）では、大文字のIとJはまったく同一の文字であったので、『児童学講義』では、元の速記録に書かれ

ていた IQ を JQ と読んでしまったのではないかということである。

訳注 10　コロターエヴァ他編『児童学講義』の中では、編集者によって、元の速記録にある「レーヴァン（Леван）」という名前の記述が「レーマン（Леман）」に訂正されている（ここでの下線は訳者による）。これは誤植と判断されたためと思われる。念のため、人名索引のあるヴィゴーツキー 1 巻選集、ヴィゴーツキー著作集全 6 巻、『教育心理学』、『芸術心理学』で「Леван」の名前を調べたが、該当者の記載はなかった。それとは別に、インターネットで検索すると、ほぼ同時代のグルジア共和国（現ジョージア）に「Леван П. Г.（1901-1975）」という数学者で哲学者の人物が見つかった。しかし、彼は、集合論、数学と哲学との、数学と論理学との、論理学と弁証法との相互関係、マルクスの数学論などの原理的な研究に取り組んだ人物なので、本文中の子どもの引き算の実験をおこなった人物と重なるとは思えない。

　そこで、とりあえずは、邦訳では、編集者の訂正に従って「レーマン」を採用した。なお、原文ではレーマンという姓だけの記載なので、これがいったい誰なのかが確定できない。ヴィゴーツキーの著作を調べると、二人のレーマンに出会う。「Леман А.」と「Леман Г.」である。前者はデンマークの実験心理学者「Lehmann, A.」のことで、情動反応の研究の文脈で紹介されている。他方、後者はチェコスロヴァキアの聾唖教育者で、聾唖児の教授法の文脈で紹介されている。ここでは分数の引き算の教授・学習が話題になっているので、おそらくは後者のレーマンではないかと推測されるが、あくまでも推測の域を出ない。

訳注 11　この文以下のパラグラフは、人間ではなく、ネズミなどの胎生動物の胚発生を例にした記述だと理解して邦訳した。「胎児を取り出して、比較切断法によって、1 週目、2 週目、3 週目、4 週目……等に、何があったかを研究します」という記述が、人間の胎児の例ではないことを物語っている。

訳注 12　ここで「方法体系」と邦訳した「методика」は、「方法論」とも訳せるものだが、本文のこの部分の説明では、「つまり、あれこれの方法を実現させる技術的な手立ての一定のシステムなのです」と述べられているので、これは「方法論」ではなく「方法体系」であると判断できる。『実践的心理学者の

ための辞典』（Словарь практического психолога、1998 年、ミンスク）によれば、「方法体系（методика）」とは、「研究対象についての知識を明確にしたり証明したりする目的で、方法を実現する技術的な諸手立て」と説明されている。ちなみに、同じ辞典での「方法論（методология）」は、「理論的および実践的活動を組織したり構築したりする原理や手法のシステム、それと同時にこのシステムに関する学説」と説明されている。したがって、方法論とは、方法や方法体系の基盤となる原理や理論（学説）を包含したより深く、またより広い概念と言える。

第IV論文

「対象と方法の弁証法
—— 思考と言葉の関係の問題」

1 問題の所在：研究されてこなかった機能間の関係の問題

　思考と言葉の問題は、異なる心理機能の関係や異なる種類の意識活動の関係の問題が最も重要となる、そのような心理学的問題の領域に属している。思考と言葉の問題全体の中心的な局面は、もちろん、思考と言葉の関係の問題である。思考と言葉の問題と関連した他のすべての問題は、この重要な基本的な問題［＝思考と言葉の関係の問題］に論理的に従属した副次的な問題である。この重要な基本的な問題が解決されないと、この先のどのような特殊な問題であれ、正しく設定することは不可能となる。しかしながら、まさに機能間の結びつきと関係の問題は、いかにも不思議なのだが、現代の心理学にとってまったくと言っていいほど研究されていない新しい問題なのである。

　思考と言葉の問題は、心理学という科学それ自体と同じように古い問題なのだが、まさに思考と言葉の関係の問題という点で、最も研究されておらず、最も解明されていないのである。この10年間にわたり科学的心理学の中に君臨していた原子論的で機能的な分析は、次のような結果をもたらした。すなわち、機能どうしの結びつきの問題や、意識の全体構造の中での機能の組織化の問題には終始研究者の注意が払われずに、個々の心理機能が孤立した形で研究され、心理学的な認識方法はこれら個々の、孤立した、ばらばらの過程の研究に即して練り上げられ、仕上げられたのである。

　意識は統一された全体であり、個々の機能はその活動の中でお互いに不可分な統一体として結びついているという考えは、現代の心理学にとって何も新しいものではない。しかし、意識の統一性と個々の機能間の結びつきは、ふつう、研究の対象というよりも、［公理として最初から］仮定されていたのである。それどころか、このような意識の機能的統一性を仮定する場合に、心理学は、この疑うべくもない仮定と同時に、自

らの研究全体の基礎に、すべての人に暗黙のうちに認められてはいるが、明確には定式化されていない、完全に間違っている仮定を置いたのである。それは、意識の機能間の結びつきは変化しないし、常に同じであるとする仮定である。つまり、知覚はいつでも同じ様式で注意と結びついており、記憶はいつでも同じ様式で知覚と結びついており、思考はいつでも同じ様式で記憶と結びついている、云々と仮定されたのである。このような仮定によれば、当然のことながら、機能間の結びつきは、［いつでも同じ様式で結びつくわけだから］共通の乗数として括弧の外に括り出されてしまい、括弧の中に残った個々の孤立した機能が研究されるときには、いつも考慮の対象外となってしまうわけである。

　こうしたことすべてが原因となって、［機能間の］関係の問題は、すでに述べられたように、現代の心理学の問題群全体の中で最も研究されていない部分なのである。このことは思考と言葉の問題に対しても、きわめて深刻な形で影響を及ぼさざるをえなかった。この問題の歴史を通観すれば容易に確認できるように、思考と言葉の関係の問題という、問題全体のこの中心点は常に研究者の注意からは抜け落ちていて、問題全体の重心はいつもどこか別の場所に変えられたり、移されたり、何か別の問題にすり替えられてきたのである。

2　思考と言葉の関係の問題に対する従来の解決法

　科学的心理学での思考と言葉の問題に対する歴史的な研究の結果を簡潔に定式化するならば、次のように述べることができる。すなわち、様々な研究者によって提案されたこの問題の解決は、すべて、常に、ずっと昔から今日まで変わることなく、両極端の間 ── 思考と言葉の同一視、完全な融合と、同じくらいに形而上学的な、絶対的な、完全なそれらの断絶と分離の間 ── を揺れ動いていた、ということである。思考と言葉に関する様々な学説は、これらの両極端の一方を純粋な形で表わしたり、あるいは、その理論構成の中でこれらの両極端を結びつけ

たり、あるいは、両極端の間に中間点のようなものを採用したりしなが
ら、だが、いつでも、これら両極端の地点の間に置かれた軸に沿って揺
れ動きながら、いまだ出口の見つかっていない同じ悪循環を繰り返して
いるのである。

●思考と言葉の同一視・融合

　思考とは「言葉から音を取り去ったもの」だと宣言した心理言語学に
よる思考と言葉の同一視 —— このような同一視は古代からあったのだ
が —— は、思考を「［言葉として］運動部分には現れない、ブレーキのか
けられた反射」だと見なしている現代のアメリカの心理学者や反射学者
をも含めて、思考と言葉を同一視する同じ思想の同じ発展路線を進んで
いるのである。当然のことであるが、この路線に加担する学説はすべて、
思考と言葉の本性に関するその見解の本質そのものからして、常に、思
考と言葉の関係についての問題を解決できなかっただけでなく、問題を
立てることさえできなかったのである。もし思考と言葉が一致している
ならば、もしこれが同一のものであるならば、両者の間にはいかなる関
係も生じえないし、研究の対象にもなりえない。なぜならば、ものとそ
のもの自身との関係が研究の対象になりえるなどとは、想像もできない
からである。思考と言葉を融合させる者は、思考と言葉の関係という問
題を立てる道を自ら閉ざし、この問題を最初から解決不能にしているの
である。問題は解かれるのではなく、単に回避されているのである。

●思考と言葉の外的な結合

　これとは反対の極端の近くに立ち、思考と言葉は独立しているという
考えを展開する学説は、一見すると、私たちの関心事である思考と言葉
の関係の問題の点では、より好ましい立場にいるように思われる。言葉
を思考の外的な表現として、思考の衣装として見なす者、ヴュルツブル
ク学派の代表者たちのように、言葉も含めて感覚されるものすべてから
思考を解放し、思考と言葉の結びつきを純粋に外的な結合として思い描

こうとする者は、実際に、思考と言葉の関係の問題を提起するだけでな
く、自分なりに解決しようとしているのである。しかし、[思考と言葉を
同一視する先に述べた心理学的傾向とは]最も異なる心理学的傾向によって
提案されているこうした解決法だけでは、この問題を解決できないばか
りか、問題を立てることもできないことがわかるのである。ここでは、
最初のグループの研究のようにこの問題を回避するわけではないが、結
び目を解く代わりに、結び目を断ち切っているのである。言語的思考を
その構成要素に、互いに異質の仲間に ── つまり、思考と言葉に ──
分解するとき、それによって、これらの研究者は、言葉とは無関係なも
のとして思考の純粋な性質を研究し、また思考とは無関係なものとして
言葉を研究して、思考と言葉の結びつきを、二つの異なる過程間の純粋
に外的で機械的な依存関係として思い描こうとしているのである。

　例として、こうした手法によって、言語的思考をその構成要素に分解
し、思考と言葉の結びつきや相互作用を研究している、現代の研究者の
ひとりの試みを挙げることができるだろう。この研究の結果として、彼
は、言葉の運動過程が思考のよりよい経過を助ける重要な役割を果たし
ていると結論している。言葉の運動過程は理解の過程を助けるのである。
というのも、言語材料が難しく複雑な場合には、内言によって、理解さ
れる対象のよりよい記銘や合同が促進されるからである。さらには、思
考の運動の際に重要でないものから重要なものを探り当てたり、把握し
たり、識別したりすることを助ける内言が、もし言葉の運動過程と合流
するときには、言葉の運動過程は、その経過の中で、一定の能動的な活
動形式としてそのレベルを向上させるのである。結局のところ、思考か
ら声に出す言葉へ移行する際には、内言はその促進要因の役割を果たし
ているわけである。

　私たちがこの例を引いたのは、ただ次のことを示したいからである。
すなわち、一定の統一的な心理的形成物としての言語的思考を構成要素
に分解したときには、もし問題となっているのが二つの異種の、内的に
はお互いに何の結びつきもない活動形式であるとしたら、研究者には、

これらの要素的な過程の間に純粋に外的な相互作用を設定する以外には
ない、ということである。第二の傾向の研究者たちが属しているこの立
場は、どんな場合にも思考と言葉の関係に関する問題を立てることがで
きるという点では、とても好都合な立場なのである。この点に彼らの強
みがあるのだが、彼らの欠陥は、この問題の立て方そのものが最初から
間違っていて、問題の正しい解決の可能性をすべて排除しているという
点にある。なぜならば、統一的な全体を個々の要素に分解する彼らが採
用する方法は、思考と言葉の間の内的な関係の研究を不可能にしている
からである。

　こうして、問題は研究方法に突き当たるのである。それゆえに、私た
ちが思うには、もし最初から思考と言葉の関係の問題を立てるならば、
この問題を研究する際には、それと同時に、問題を成功裏に解決できる
どのような方法が採用されるべきかを前もって明らかにすることが必要
なのである。

3　思考と言葉の関係の問題への二種類の分析方法

　私たちは、心理学で用いられている二種類の分析を識別しなければな
らない、と考えている。どの心理的形成物を研究する場合にも分析が不
可欠である。しかし、この分析には原理的に異なる二つの形式がある。
そのうちのひとつは、数世紀にわたるこの問題を解決しようとした際に、
研究者たちがことごとく失敗した原因だと思われる。他方で、もうひと
つは、たとえ第一歩であるにしても、この問題の解決に向かって踏み出
すための唯一の正しい出発点なのである。

●要素に分解する分析方法
　心理学的分析の第一の方法は、複雑な心理的全体を要素に分解する方
法と呼ぶことができる。この分析方法は、水を水素と酸素に分解する化
学的な分析にたとえることができるだろう。このような分析の本質的な

特徴は次の点にある。すなわち、この分析の結果として得られるものは、分析される全体とは異質の産物であり、それは、全体に固有な全体としての性質はそれ自身の内に含まないが、この全体が決して見せることのない多くの新しい性質を持つ要素である、という点だ。思考と言葉の問題を解決したいと願って、この問題を思考と言葉に分解してしまう研究者には、水の何らかの性質 —— たとえば、なぜ水は火を消すのかとか、なぜ水にはアルキメデスの法則が当てはまるのかとか —— の科学的説明を求めて、これらの性質を説明するために、水を酸素と水素に分解してしまう人すべてに起こるだろうこととまったく同じことが起こるのである。この人は、水素は自らが燃え、酸素は燃焼を助け、これらの要素の性質からは［水という］全体に固有な性質を決して説明できないということを、驚きをもって認識するだろう。

　まったく同様に、まさに全体としての言語的思考に固有な、その最も本質的な性質の説明を求めて、言語的思考を個々の要素に分解する心理学は、分解したあとでは、全体に固有なこれら統一体の要素を探し求めても無駄に終わることになるのである。分析の過程でこれらの要素は蒸発し、消失してしまうのだ。だから、分析の過程で消えてしまったが説明を必要とする性質について、それを分析によって純粋に思弁的な方法で復元するためには、要素間の外的で機械的な相互作用を探し求める以外にはないわけである。

●一般的なものへ上昇する方法としての要素に分解する分析

　本質的には、全体に固有な性質を失った産物をもたらすようなこの種の分析は、分析によって解決されるべき問題の見地からすれば、本来の意味での分析とは言えないのである。むしろ、この種の分析は、分析とは反対の、ある意味で分析とは対立する認識方法と見なすのが正しいのである。というのも、水のあらゆる性質に等しく当てはまる水の化学式は、総じて、平等に、水のあらゆる様態に —— 雨粒にも太平洋にも —— 同じように当てはまるからである。それゆえ、水を要素に分解す

ることは、水の具体的な性質を説明してくれる方法ではありえないのである。これは、分析、つまり本来の意味での分解というよりも、むしろ一般的なものへ上昇する方法なのである。

これとまったく同様に、［言語的思考という］統一的な心理的形成物にこの種の分析が適用される場合、それは、児童期の言語的思考の発達や様々な形での言語的思考のはたらきを観察するときに、日々の観察の中で私たちが出会う言葉と思考の関係の具体的な多様性や特殊性のすべてを、やはり明らかにしてくれる分析ではないのである。

この分析は、事の本質上、心理学の場合にも自らの対立物に変わるのである。この分析は、研究されている全体の具体的で特殊な［＝個別的な］性質を説明する代わりに、この全体をより一般的な方向へと、つまり、私たちの関心事である具体的な法則性を理解する可能性を考慮せずに、目いっぱいの抽象的な普遍性において思考と言葉のすべてに当てはまる何かだけを説明できる方向へと、上昇させるのである。

●統一体の内的関係の断絶としての要素に分解する分析

それだけでなく、心理学で無計画に用いられているこの種の分析は、研究されている過程の統一性と全体性の局面を無視し、統一体の内的な関係を二つの異種の、お互いに無縁な過程の外的な機械的関係に置き換えることによって、深刻な誤りをもたらすのである。まさに、思考と言葉に関する学説の分野ほどはっきりと、このような分析の結果が現れているところはない。

単語はそれ自体が音と意味との正真正銘の統一体であり、それ自身の中に、生きた細胞のように、全体としての言語的思考に固有なすべての基本的性質を最も単純な形で保有しているのだが、このような分析の結果として、単語それ自体が［音と意味の］二つの部分に分割されてしまっていたので、研究者はこれらの部分間に外的で、機械的で、連合的な結びつきを確立しようとしたのであった。

その場合、言葉の音と意味とは決してお互いに結びついていない。記

号の中で統一されているこれら二つの要素は —— 現代言語学の最も重要な代表者のひとりが言うところでは —— 完全に独立して存在しているのである。それゆえに、このような見解からは、言葉の音声学的側面と意味論的側面の研究にとって、最も残念な結果だけがもたらされることになるのは、何ら驚くことではない。思考から切り離された音は、それがあるからこそその音を人間の言葉の音とすることができ、その音を自然の中に存在する他のすべての音の世界から区別することができる独特な性質を、すべて失ってしまうだろう。それゆえ、意味を失った音の中では、ただ音の物理的な心理学的性質だけを、つまり、この音に固有なものではない、自然の中にある他のすべての音と共通なものだけを研究することになる。したがって、このようなやり方で研究をしても、これこれの物理的な心理学的性質を持つ音がなぜ人間の言葉の音なのか、何がその音を人間の言葉の音にしているのかを説明することはできなかったのである。

　まったく同様に、言葉の音の側面から切り離された意味は、純粋な表象に、純粋な思考行為に化してしまい、その物質的な担い手［＝言葉の音］とは無関係に存在し展開する概念として、別個に研究されることになるだろう。古典的な意味論や音声学の不毛性は、まさにこのような音と意味との断絶に、個々の要素への言葉の分解ということに、おおいに原因があるのである。

　まったく同様に、心理学でも、子どもの言葉の発達は、言葉を、その音の側面、音声学的側面の発達と意味の側面の発達とに分解する観点から研究された。子どもの音声学は、細部まで入念に研究されてきた歴史を持つのだが、たとえ最も初歩的な形であるにせよ、子どもの言葉の発達に関連した現象を説明するという問題を、まったく解決できなかったのである訳注1。他方で、子どもの言葉の意味の研究は、研究者を子どもの思考の自立的で独立した歴史へと導いたが、そこには、子どもの言葉の音声学の歴史との結びつきがまったくなかったのである。

●単位に分解する分析方法

　思考と言葉の学説全体の中で決定的な転機となったのは、このような分析から別の種類の分析への移行であると思われる。私たちは、この後者の分析のことを、複雑な統一的全体を単位に分解する分析と言い表すことができるだろう。

　単位ということで意味しているのは、次のような分析の産物のことである。すなわち、要素とは違って、全体に固有な基本的性質がすべて備わっていて、この統一体のこれ以上は分解できないありのままの部分のことである。水の個々の性質の説明にとって鍵となるのは、水の化学式ではなく、分子と分子運動の研究なのである。まったく同様に、生物学的分析の真の単位は、生物体に固有な生命の基本的性質をすべて保有している生きた細胞なのである。

　複雑な統一体を研究したいと願っている心理学にとって、この点を理解することは不可欠である。心理学は要素へと分解する方法を、単位に分解する分析方法に替えなければならない。心理学は、このような、これ以上は分解できない、統一体としての全体に固有な性質を保有している単位 —— そこでは、これらの性質がまったく違った姿で現れることになる —— を発見し、この分析の助けによって、私たちの前にある具体的な問題を解決するよう努めなければならないのである。

4　言語的思考の単位としての言葉の意味

　では、全体としての言語的思考に固有な性質を保有している、これ以上は分解できない単位とは、いったい何であろうか。このような単位は、言葉の内的な側面 —— **言葉の意味** —— の中に見出すことができるように思われる。

　このような言葉の内的側面は、これまで特別に研究されることはほとんどなかった。意味から切り離された音が自然の中にある他のすべての音の海の中に溶解していたのと同様に、言葉の意味も、私たちの意識の

他のすべての表象や、ないしは私たちの他のすべての思考行為の海の中に溶解していたのである。それゆえ、人間の言葉の音に関して、現代の心理学が人間の言葉の音それ自体に固有なものとは何かについて、何も語ることができないのとまったく同様に、言葉の意味の研究分野においても、心理学は言葉の意味について、私たちの意識内の他のすべての表象や思考を特徴づけるのと同じようにしか、その特徴について語ることができないのである。

　[上で述べてきた]連合心理学での事情は、現代の構造心理学[＝ゲシュタルト心理学]でも原理的に同じである。言葉の中に、私たちはいつでも、言葉の外的な、私たちの方に向けられた一面だけを見ていたのだ。言葉のもうひとつの内的な側面 ── 言葉の意味 ── は、月の裏側のように、常に置き去りにされ、今日まで研究されず、未知のままなのである。しかしながら、このもうひとつの側面にこそ、まさに、私たちの関心事である思考と言葉の関係の問題を解決できる可能性が潜んでいるのである。なぜならば、言葉の意味の中にこそ、私たちが言語的思考と呼ぶ統一体の結節点があるからだ。

●言葉の意味の心理学的本性：思考であり、同時に言葉でもある

　このことを明らかにするためには、言葉の意味の心理学的な本性に関する理論的な理解について、いくらか詳しく述べる必要がある。私たちの研究の過程で明らかになるように、連合心理学も構造心理学も言葉の意味の本性の問題に対して、いくらかでも満足な答えを与えてくれはしない。しかしながら、以下に述べられる実験的研究や理論的分析によって明らかにされているのは、言葉の意味の内的本性を決定している最も本質的なものは、これまでそれが探求されていたところには存在していない、ということである。

　言葉はいつでも何かひとつの個別の対象に関係しているのではなく、対象のグループ全体ないしはクラス全体に関係している。それゆえに、それぞれの言葉には一般化が隠れており、すべての言葉がすでに一般化

しており、心理学的見地からは、言葉の意味は何よりもまず一般化なのである。しかし、一般化とは、すぐにわかるように、現実を反映する特別な言語的な思考行為なのであり、それは、現実が感覚や知覚に直接反映される仕方とはまったく異なっている。

　思考を持たない物質から感覚への移行だけでなく、感覚から思考への移行もまた弁証法的な飛躍であると言われるとき、これによって言いたいことは、思考は直接感覚とは質的に異なる仕方で意識の中に現実を反映する、ということである。［思考のような］現実の一般化された反映は、基本的に、主として、単位のこのような質的な違いにあると仮定することには、おそらく、十分に根拠があるだろう。それゆえに、私たちがたった今心理学的側面からその一般化を明らかにした言葉の意味は、本来の意味での思考行為であると結論することができる。

　しかし、それと同時に、意味は、言葉それ自体の不可分な部分であり、思考の世界と同じように言葉の世界にも属している。意味のない言葉は言葉ではなく、空虚な音にすぎない。意味を奪われた言葉は、もはや言葉の世界に属していない。それゆえ、意味はもともとの言語現象として見なすこともできるし、同様に、思考の領域に属する現象として見なすこともできるのである。言葉の意味に関しては、それについて、ばらばらに把握された言葉の要素に対して以前に気ままに語っていたようには、もはや語ることはできないのである。

●思考と言葉の関係の問題への意味論的な分析方法

　言葉の意味とは何なのだろうか。言葉なのか、それとも思考なのか。言葉の意味は言葉であり、同時に思考でもある。なぜならば、それは言語的思考の単位だからだ。もしそうであるならば、明らかなことは、私たちの関心事である問題の研究方法は意味論的な分析方法、言葉の意味の側面の分析方法、言葉の意味を研究する方法以外にはありえない、ということだ。私たちは、この方法に、私たちの関心事である思考と言葉の関係の問題に対する直接的な答えを期待できるのである。なぜならば、

この関係それ自体が私たちの選んだ単位の中に含まれており、このような単位の発達、機能、構造、運動全体を研究することにより、私たちは、思考と言葉の関係の問題、言語的思考の本性に関する問題を解明してくれる多くのことを認識できるからである。

　思考と言葉の関係の研究に私たちが適用しようとする方法は、分析に固有なあらゆる長所と、ある複雑な統一体それ自体に固有な性質を総合的に研究する可能性とを結びつけることができる、という点で優れているのだ。この点については、私たちの関心事である問題の、やはり常に日の当てられなかったもうひとつの側面を例に挙げて、簡単に確認することができる。

5　コミュニケーションと思考の統一的単位としての言葉の意味

●コミュニケーションの手段（言葉）と知的機能（思考）とは切り離せない

　言葉の最初の機能はコミュニケーション機能である。言葉は何よりもまず社会的コミュニケーションの手段であり、発話と理解の手段である。言葉のこの機能は、通常、やはり要素に分解する分析の中で言葉の知的機能から切り離されていた。そして、言葉の中で二つの機能はあたかも平行しているかのように、お互いに無関係に存在していた。言葉の中では、あたかも、コミュニケーションの機能と思考の機能が共存しているかのようだった。だが、これら二つの機能がお互いにどのような関係にあるのか、何が言葉に二つの機能をもたらしたのか、それらの発達はどのように生ずるのか、二つの機能はお互いにどのように構造的に結びついているのか、こうしたことすべては置き去りにされ、今日まで研究されないままなのである。

　しかしながら、言葉の意味は、思考の単位であるのと同じように、これら言葉の二つの機能［＝コミュニケーションと思考］の単位ともなってい

る。心の直接的なコミュニケーションは不可能であること —— このことは、もちろん科学的心理学にとっての公理である。周知のように、動物界で観察されるような、言葉あるいは別の何らかの記号やコミュニケーション手段のシステムに媒介されないコミュニケーションには、きわめて制限された範囲での、最も原初的なタイプのコミュニケーションだけが可能なのである。表出運動によるこのようなコミュニケーションは、本質的に、コミュニケーションの名にも値しないし、むしろ**伝染**と呼ばれるべきである。危険を察知し驚いたガチョウは、叫び声によって群れ全体を飛び立たせるが、これは見たことを群れに伝えているのではなく、むしろ、自分の驚きを群れに伝染させているのである。

　考えていることや体験を合理的に理解し、それらを意図的に伝達するコミュニケーションは、必ずや、一定の手段のシステムを必要とするが、その原型は、労働の過程でコミュニケーションの必要から生まれた人間の言葉であった。これは今もそうであるし、常にそうあり続けるだろう。しかし、ごく最近までのところ、問題は、心理学に支配的だった見解に従って、はなはだしく単純化された形で現れている。コミュニケーションの手段は［単純に］記号、言葉、音だと考えられていたのだ。しかし、このような思い違いは、言葉の問題全体の解決に対して、もっぱら要素に分解する分析だけが誤って用いられていることから生じたのである。

　コミュニケーションの言葉は、主に、単なる言葉の外的側面にすぎず、しかも、音それ自体はどのような体験とも、心理生活のどのような内容とも結びつくことができ、それがゆえに、他者にこの内容や体験を伝えたり、知らせたりすることができるのだ、と仮定されていたのである。

●コミュニケーションと言葉の意味の一般化との結びつき

　しかしながら、児童期におけるコミュニケーションの問題や理解過程とその発達についての入念な研究は、研究者にまったく別の結論をもたらした。記号のないコミュニケーションが不可能であるのと同様に、意味がなくてもコミュニケーションは不可能であることがわかったのだ。

何らかの体験や意識の内容を他者に伝えるためには、伝達される内容を一定のクラスに、一定の現象のグループに関係づける以外に方法はない。そして、このことは、すでにわかっているように、必ずや一般化を必要としている。こうして、コミュニケーションは、言葉の意味の一般化と発達を不可欠の前提としているのであり、言い換えるならば、一般化はコミュニケーションの発達と共に可能になるのである。こうして、人間に固有の高次な形式の心理的コミュニケーションは、人間が思考によって現実を一般化して反映することによってのみ可能なのである。

　知覚や感情が支配している本能的な意識の局面では、伝染だけが可能なのであり、本来の意味での理解もコミュニケーションも不可能なのである。このことについては、エドワード・サピア（Sapir, E）が、言語心理学に関する著書の中でみごとに解明している。彼が言うところでは、「初歩的な言語は、私たちの経験のグループ全体と、一定のクラスと結びついているはずである。経験の世界は、それを象徴化できるためには、きわめて単純化され、一般化されなければならない。そのような場合にのみ、コミュニケーションが可能になる。なぜならば、個別の経験は個別の意識の中に存在し、厳密に言えば、伝達されることはないからだ。伝達されるものになるためには、経験は、暗黙の合意によって社会から共通性を認められる一定のクラスに関係づけられなければならないのである」。

　それゆえ、サピアは、言葉の意味を個別の知覚の象徴ではなく、概念の象徴と見なしている[訳注2]。実際、コミュニケーションと一般化との結びつき、言葉のこれら二つの基本的機能のこのような結びつきを確認するために、何か例を挙げることは有意義であろう。私は誰かに、私は寒いと伝えたいと思っている。私は彼に、このことを一連の表出運動によって理解させることはできる。しかし、効果的な理解と伝達が生じるのは、私が、私の体験していることを一般化して告げることができるときだけである。言い換えるならば、私の体験している寒さの感覚を、私の話し相手が知っている状態の一定のクラスに関係づけることができる

ときだけなのである。まだ一定の一般化を身につけていない子どもに対して、ものごとのすべてを伝えられない理由がここにある。

　この場合の問題は、然るべき言葉と記号が不足している点にあるのではなく、然るべき概念と一般化が不足している点にあるのだ。概念と一般化がなければ理解は不可能なのである。トルストイ（Толстой Л. Н.）が述べているように、ほとんどの場合、言葉そのものが理解されないのではなく、言葉によって表現される概念が理解されないのである。概念ができているときには、ほとんどの場合、言葉もできている。それゆえに、言葉の意味を思考と言葉の統一体としてだけでなく、一般化とコミュニケーションの統一体、コミュニケーションと思考の統一体として見なすことには、十分に根拠がある。

　思考と言葉の発生的な問題全体に対して、こうした問題設定をおこなう原理的な意義は計り知れないほど大きい。その意義は、何よりもまず、このような仮説によってのみ、思考と言葉の因果的、発生的な分析が初めて可能になるということだ。私たちは、コミュニケーションと一般化の統一を見ることができるようになると、子どもの思考の発達と子どもの社会的発達との間にある実際の結びつきを理解できるようになるのである。これら二つの問題、すなわち、思考と言葉の関係と、一般化とコミュニケーションの関係は中心的な問題となるはずであり、私たちの研究はその解決に捧げられているわけである。

6　人間の言葉における音と意味の統一的単位としての音素

●言葉の音と言葉の意味との関係の問題

　しかし、私たちは、私たちの研究の見通しを広げるために、さらに思考と言葉の問題の中のいくつかの局面を指摘したい。それらの局面は、残念ながら、現在のこの研究の中では直接的な研究対象とはなりえていないが、この研究が進むにつれて当然に解明されていき、それによって、

この研究に対してその真の意義を明らかにしてくれるものである。ここ
では、真っ先に、言葉の音の側面と言葉の意味との関係の問題を取り上
げたい。この問題は、私たちの研究のほぼ全期間にわたって脇に置かれ
てきたが、それ自体は、思考と言葉に関する学説全体の問題が話題にな
るときには、おのずと生じてくる問題である。言語学の中に観察される
この問題での前進は、私たちの関心事である言語心理学における分析方
法の変化という問題と直接に結びついている、と思われる。それゆえ、
この問題について簡単に述べることにしよう。というのも、この問題は、
一方では、私たちの擁護する分析方法をよりいっそう解明してくれるし、
他方では、今後の研究にとってきわめて重要な展望のひとつを切り開い
てくれるからである。

　伝統的言語学は、すでに述べられたように、言葉の音の側面を、言葉
の意味の側面には依存しない完全に独立した要素と見なしていた。言葉
は、これら二つの要素をあとで合同したものであった。これによって、
個々の音が言葉の音の側面の単位であると考えられていた。しかし、こ
のような取り扱いと同時に、思考から切り離された音は、それを人間の
言葉の音にしているものをすべて失い、他のすべての音の系列に含めら
れるのである。まさにこれが理由で、伝統的な音声学は、主として音響
学と生理学に向かい、言葉の心理学に向かわなかったのである。そして、
それゆえに、言葉の心理学は、問題のこの側面の解決に対してまったく
無力だったのである。

●言葉の音と意味とを結びつけている単位としての音素

　何が人間の言葉の音にとって最も本質的なものなのだろうか、何がこ
れらの音と自然の中の他のすべての音を区別するのであろうか。心理学
の中にきわめて強い反響をよび起こした、言語学における現代音韻論の
傾向が正しく指摘しているように、人間の言葉の音の最も本質的な特徴
は次の点にある。すなわち、記号の明確な機能を持っている人間の言葉
の音は、一定の意味と結びついているが、言葉のこれらの側面を結びつ

けている単位は、実際には、音そのもの、それ自体としては意味を持たない音ではない、ということだ^{訳注3}。こうして、音の中に言葉の単位として現れるのは、個々の音ではなく音素という新しい概念である。音素とは、言葉の音の側面全体の基本的性質を意味の機能の中に保有している、これ以上は分解できない音韻論的な単位のことである。音は意味を表わす音であることをやめ、言葉の記号の側面から切り離されるや否や、ただちに、人間の言葉に固有の性質をすべて失うのである^{訳注4}。それゆえ、言語学の場合にも心理学の場合にも有益なのは、言葉の音の側面について、もっぱら、言葉に固有の性質を音の側面の性質としても意味の側面の性質としても保有している単位に分解する方法を用いて、研究することである。

　このような方法を用いることによって、言語学と心理学が達成した具体的な成果についてここで述べるつもりはない。ただ、これらの成果は、私たちの目には、この方法が有益であることのよい証拠となっている、とだけ述べておこう。この方法は、その本質上、私たちが要素に分解する分析に反対して対置した、現在のこの研究に用いられている方法と完全に一致しているのである。

7　思考と言葉の関係と意識の他の側面および　　全体としての意識との関係の問題

　［さらに］この方法の有益性は、思考と言葉の問題に直接的ないしは間接的に関係する、その範囲内にある、あるいはそれと隣接した一連の問題の中で、さらに確かめられ、明らかにされるだろう。私たちは、これらの問題の共通領域について、ごく包括的な形で述べるだけにしよう。なぜならば、この共通領域は、すでに述べたように、今後、私たちの研究の前にある展望を切り開き、それによって、問題全体のコンテクストの中での私たちの研究の意義を、全体として明らかにしてくれるからである。問題となるのは、言葉と思考の複雑な関係であり、全体としての

意識と、意識の個々の側面である。

　古い心理学にとっては、機能間の関係と結合の問題のすべてがまった
く研究の手の届かない領域だったとすると、現在では、この問題は、要
素の方法に替えて単位の方法を採用したいと願っている研究者にとって
は、解決されつつある。

◉知性と感情の結合の問題

　私たちが意識活動の他の側面と思考および言葉との関係について語る
ときに生ずる第一の問題、それは知性と感情の結合の問題である。周知
のように、私たちの意識の知的側面とその感情的、意志的側面とを切り
離すことが、伝統的心理学全体の基本的で根本的な欠陥のひとつである。
その場合、思考は不可避的に、自己展開をする思考の自律的な流れにな
る。思考は生き生きと充実した生活全体から、思考している人間の生き
生きとした欲求や興味や愛着から引き離されるのである。そして、その
場合には、思考は、人間の生活や行動の中の何も変えることのできない
完全に余分な付帯現象になるか、あるいは、意識活動や個人の生活に介
入することによって、不可解なやり方でそれに影響を与える何か特異な、
自律的な、昔から具わった力となるのである。

　最初から思考を感情から切り離してしまった者は、自らに対して、思
考そのものの原因を説明する道を永久に閉ざしてしまったのだ。なぜな
らば、思考の決定論的分析は、必然的に、思考を導く動機、あれこれの
方向へと思考の運動を導く欲求や興味、意図や傾向の解明を前提として
いるからである。まったく同様に、思考を感情から切り離してしまった
者は、思考が心理活動の感情的、意志的側面に及ぼす逆の影響の研究を、
あらかじめ不可能にしてしまったのだ。なぜならば、心理活動の決定論
的研究は、思考に対して、人間の行動をひとり思考だけのシステムに
よって決定するという魔力を与えることを認めないし、また思考を行動
の不要な付属物、行動の無力で役に立たない影にしてしまうことも認め
ないからである。

複雑な全体を単位に分解する分析は、私たちが検討しているすべての学説にとって死活にかかわるほど重要なこの問題を解決するための道を、ここでもまた指し示しているのである。このような分析によって明らかにされるのは、感情過程と知的過程の統一である力動的な意味のシステムが存在するということである。また、このような分析によって明らかにされるのは、どんな観念の中にも、この観念の中に現れる現実に対する人間の感情的な態度が加工された形で含まれている、ということだ。このような分析は、人間の思考をある方向に向ける人間の欲求や意図の直接的な運動や、個人の行動と具体的活動の変動に及ぼす思考の力学という反対の運動を明らかにしてくれる。

　私たちは、もはや他の問題について述べるつもりはない。なぜならば、これらの問題は、一方では、私たちの研究の直接の研究対象とはならないし、他方では、私たちの前に開かれる展望について議論する場合には、この本の最終章［『思考と言葉』の第7章］で言及されることになるからである。ただ、次のことだけを述べておこう。私たちが採用する方法は、思考と言葉の内的統一を明らかにするだけでなく、言語的思考と全体としての意識のあらゆる活動との関係について、また言語的思考と意識の個々の重要な機能との関係について、実り豊かに研究することも可能にしてくれるのである。

●この章の結び
　この第1章の結びとして、私たちの研究プログラムについてごく簡単に述べておくことだけが残されている。私たちの研究は、きわめて複雑な問題に挑んだ、これまでにない心理学的研究である。この研究は、必然的に、実験に基づいた批判的な性格や理論的な性格を持つ一連の特別な研究によって構成されなければならなかった。私たちは、研究を、言葉と思考の理論の批判的研究から始めている。［ここで批判されている］言葉と思考の理論は、この問題では心理学思想の頂点を示しているものであるが、同時に、私たちが選んだこの問題の理論的研究の方法とは対極

にあるものである。この第一の研究によって、思考と言葉に関する現代の心理学の基本的で具体的な問題全体が設定され、これらの問題が、活発な現代心理学の知識のコンテクストの中に連れ出されるはずである。

　思考と言葉のような問題を研究することは、現代の心理学にとって、同時に、自分とは反対の立場に立つ理論的な見解や見地と思想闘争をおこなうことである。

　私たちの研究の第二の部分は、思考と言葉の発達に関する基本データを、系統発生の局面と個体発生の局面において、理論的に分析することに捧げられている。私たちは、最初に、思考と言葉の発達の問題から研究を始めるべきである。なぜならば、この問題での誤った理論の原因の大部分は、思考と言葉の発生的起源についての誤った考えにあるからだ。私たちの研究の中心を占めているのは、子どもの概念発達の実験的研究であるが、それは二つの部分に分かれている。第一の部分［『思考と言葉』の第5章］では、私たちは、実験的に作られた人工的概念の発達を研究している。第二の部分［『思考と言葉』の第6章］では、子どもの実際の概念の発達を研究することに努めている。

　最後に、この本の最終部分［『思考と言葉』の第7章］で、私たちは、理論的研究と実験的研究に基づいて、言語的思考過程全体の構造と機能を分析することに努めている。これら個々の研究をすべて統合する局面は、発達という考えである。この考えを、私たちは、何よりもまず、言葉と思考の統一体としての言葉の意味の分析と研究に適用することに努めたのである。

【訳注】

訳注1　この文では、1934年の初版では「解決する（разрешить）」という語が用いられているのに、その後の改訂版では「統合する（объединить）」という語に変えられており、さらに、「説明（объяснение）」という語が抜け落ちている。初版の原文で十分に意味が理解できるので、ここは、初版の原文に即して邦訳した。

訳注２　1934年の初版には存在する「それゆえ、サピアは、言葉の意味を個別の知覚の象徴ではなく、概念の象徴と見なしている」という一文は、その後のどの改訂版でも削除されたままである。なぜなのか、ただただ不可解である。

訳注３　この文中の２か所が1934年の初版と比べて、のちの改訂版では変わっている。初版では「すなわち、音の明確な機能を持っている人間の言葉……」となっている文中の「音（звук）」という語が「記号（знак）」という語に訂正され、さらに、この文が肯定文ではなく、「не（英語のnotに当たる）」が挿入されて否定文に訂正されている。しかし、この文の前後の文章を含めた文脈での意味を捉えるとき、この改訂は妥当なもので、これらは初版の誤植の訂正だと考えられる。したがって、ここでは、この文を改訂版に従って訳出してある。

訳注４　この文中の１か所について、1934年の初版と比べて、やはりのちの改訂版では変わっている。初版では「音は意味を表わす音であることをやめ、言葉の音の側面から……」となっている文中の「音の（звуковой）」という語が「記号の（знаковой）」という語に訂正されている。この訂正も妥当なものであり、初版の誤植の訂正だと考えられる。したがって、ここでも改訂版の文を採用して訳出しておいた。

訳者による「あとがき」

　序論でも述べたように、本書は『児童学とは何か』という表題を与えられているが、ヴィゴーツキーがこのような1冊の本を書いているわけではない。児童学が独立した科学として成立する場合に、その最も基本的で原理的なテーマとなる問題 —— 方法論と研究対象と研究方法 —— をそれぞれに分析している論文と、これらの分析を人間（子ども）の意識の発達において最も中心的な問題 —— 思考と言葉の関係の問題 —— の解明に適用している論文を、訳者が選択して1冊に構成したものである。

　訳者は、これら四つの論文のそれぞれついての邦訳を、自身が所属している心理科学研究会の機関誌「心理科学」にすでに発表している。それらの原題と初出は次の通りである。

　　第Ⅰ論文　心理学と児童学に関する問題について
　　　　　　　（前半）心理科学、第43巻第2号、2022年12月
　　　　　　　（後半）心理科学、第44巻第1号、2023年6月
　　第Ⅱ論文　児童学の対象
　　　　　　　心理科学、第40巻第2号、2019年12月
　　第Ⅲ論文　児童学の方法の特徴
　　　　　　　心理科学、第43巻第2号、2022年12月
　　第Ⅳ論文　『思考と言葉 —— 心理学的研究 —— 』第1章　問題と研究方法
　　　　　　　心理科学、第36巻第2号、2015年12月

　先に、これらの論文を個々別々に翻訳していた時には、あまり気に留めることはしていなかったのだが、今回、『児童学とは何か』という表題で本書にまとめるにあたっては、各論文の内容がお互いにどのように関連しあい、全体としてどのような構造を作り上げているのかが理解で

きるように、また1冊の本として筋が通るように、各論文の配置と結びつきに注意を払っている。そのために、初出の翻訳の時に「訳者まえがき」としてそれぞれの論文に添えた解説について、今回の本書における「序論」の3での各論文の解説では、そのすべてに必要な加筆や削除や補正をおこない、その内容のいっそう詳しく深い説明に努めている。

　また、各論文の原文にはないのだが、初出の翻訳時に、読みやすくするために訳者が各論文の本文中に便宜的に挿入した節や項の見出しについても、必要な補正や変更をおこなっている（第Ⅳ論文については、今回初めて節や項の見出しを挿入した）。そのほかにも、若干の訳語や訳文の改正、訳注の変更などをおこなっている。

　本書は、ヴィゴーツキーの児童学の理論的な内容をまとめたものなので、初めてこの領域に触れる読者には、難しく思われるかもしれない。特に、方法論について展開されている第Ⅰ論文は、その内容の理解には時間も要すると思われるので、その場合には、先に第Ⅱ論文と第Ⅲ論文から読み始めるのもよいかと思われる。

　ヴィゴーツキーの児童学については、彼の発達理論そのものが児童学を内包している（ないしは、児童学が彼の発達理論に基づいている）ので、ヴィゴーツキーの発達理論について広く目配りをしておくことが、児童学についての理解も深めることになるだろう。幸いにも、わが国には、柴田義松先生をはじめとする先達の努力により、ヴィゴーツキーの著作の邦訳文献が少なからずあるので、興味を持たれた読者には、これらの文献にも手を広げてもらえれば嬉しいことである。

　なお、本書の出版にあたっては、福村出版社長の宮下基幸さん、編集部の松元美恵さんにひとかたならぬお世話になった。本書が形を成すまでに、いろいろご支援をいただいた。ここに記して感謝の気持ちを捧げたい。

2024年1月吉日

中村和夫

索引

160

編・訳者略歴

中村和夫（なかむら　かずお）

1948 年　東京に生まれる
1967 年　東京都立両国高等学校卒業
1971 年　東京大学教育学部教育心理学科卒業
1976 年　東京大学大学院教育学研究科（教育心理学専攻）博士課程中退
愛媛大学、東京水産大学（現東京海洋大学）、神戸大学、京都橘大学での勤務を経て、現在は東京海洋大学名誉教授、京都橘大学名誉教授。専門は発達心理学、教育心理学。博士（教育学、東京都立大学）。

主な著書

『認識・感情・人格 —— 精神発達におけるその統一的理解』（三和書房, 1983 年）

『子育ての目は発達の芽 —— 親と子のこころを結ぶ心理学』（萌文社, 1992 年）

『ヴィゴーツキーの発達論 —— 文化 – 歴史的理論の形成と展開』（東京大学出版会, 1998 年）

『ヴィゴーツキー心理学 完全読本 ——「最近接発達の領域」と「内言」の概念を読み解く』（新読書社, 2004 年）

『ヴィゴーツキーに学ぶ 子どもの想像と人格の発達』（福村出版, 2010 年）

『ヴィゴーツキー理論の神髄 —— なぜ文化 – 歴史的理論なのか』（福村出版, 2014 年）

『ヴィゴーツキーの生きた時代［19 世紀末〜1930 年代］のロシア・ソビエト心理学 —— ヴィゴーツキーを補助線にその意味を読み解く』（福村出版, 2018 年）

児童学とは何か

児童学の方法論・対象・方法をめぐるヴィゴーツキーの四つの論文を読む

2024年3月20日　初版第1刷発行

著　者　レフ・セミョーノヴィチ・ヴィゴーツキー
編・訳者　中村和夫
発行者　宮下基幸
発行所　福村出版株式会社
〒113-0034　東京都文京区湯島2-14-11
　　　　　　電話　03-5812-9702　FAX　03-5812-9705
　　　　　　https://www.fukumura.co.jp
印刷・製本　中央精版印刷株式会社

©2024　Kazuo Nakamura
ISBN978-4-571-23070-7　C3011　Printed in Japan
落丁・乱丁本はお取替えいたします。　定価はカバーに表示してあります。
本書の無断複製・転載・引用等を禁じます。

福村出版◆好評図書

中村和夫 著
ヴィゴーツキーの生きた時代
[19世紀末〜1930年代] のロシア・ソビエト心理学
●ヴィゴーツキーを補助線にその意味を読み解く
◎5,000円　　　　ISBN978-4-571-23058-5　C3011

激動の革命期におけるロシア・ソビエトの心理学の動向を，天才心理学者の理論と対比することで浮き彫りにする。

中村和夫 著
ヴィゴーツキー理論の神髄
●なぜ文化−歴史的理論なのか

◎2,200円　　　　ISBN978-4-571-23052-3　C3011

ヴィゴーツキー理論の中心にある「人間の高次心理機能の言葉による被媒介性」という命題を明らかにする。

加藤義信 著
アンリ・ワロン その生涯と発達思想
●21世紀のいま「発達のグランドセオリー」を再考する

◎2,800円　　　　ISBN978-4-571-23053-0　C3011

ワロンの魅力的な人物像と発達思想を解説し，現代発達心理学における〈ワロン的な見方〉の重要性を説く。

B.J.ジマーマン・D.H.シャンク 編集／塚野州一 訳
教育心理学者たちの世紀
●ジェームズ，ヴィゴツキー，ブルーナー，
　バンデューラら16人の偉大な業績とその影響
◎9,000円　　　　ISBN978-4-571-22055-5　C3011

教育・発達心理学の発展過程を19世紀後半の哲学的基盤から21世紀現在の研究到達点まで詳細に検討する。

田島充士 編著
ダイアローグのことばと
モノローグのことば
●ヤクビンスキー論から読み解くバフチンの対話理論
◎5,000円　　　　ISBN978-4-571-22056-2　C3011

「ダイアローグ(対話)」と「モノローグ(独話)」概念を軸に，バフチンの議論を実践的に読み解く。

R.バーク・J.ダンカン 著／七木田 敦・中坪史典 監訳
飯野祐樹・大野 歩・田中沙織・島津礼子・松井剛太 訳
文化を映し出す子どもの身体
●文化人類学からみた日本とニュージーランドの幼児教育
◎3,200円　　　　ISBN978-4-571-11041-2　C3037

日本とニュージーランドでのフィールド調査とフーコーらの身体論を基に，幼児教育が含む文化的前提を解明。

白數哲久 著
児童の科学的概念の構造と構成
●ヴィゴーツキー理論の理科教育への援用

◎4,000円　　　　ISBN978-4-571-10177-9　C3037

「科学的探究」を基軸として，子どもの科学への関心を高めるための理科の効果的な教授・学習モデルを提示する。

◎価格は本体価格です。